A (Re)Discussão dos Fundamentos da Vacinação Humana Obrigatória

A (Re)Discussão dos Fundamentos da Vacinação Humana Obrigatória

2022

João Carlos Carvalho Godinho

ALMEDINA

A (RE)DISCUSSÃO DOS FUNDAMENTOS DA VACINAÇÃO HUMANA OBRIGATÓRIA

AUTOR
João Carlos Carvalho Godinho

EDITOR
EDIÇÕES ALMEDINA, S.A.
Rua Fernandes Tomás, n.os 76-80
3000-167 Coimbra
Tel.: 239 851 904 · Fax: 239 851 901
www.almedina.net · editora@almedina.net

DESIGN DE CAPA
FBA.

PRÉ-IMPRESSÃO
EDIÇÕES ALMEDINA, S.A.

IMPRESSÃO E ACABAMENTO

Janeiro, 2022

DEPÓSITO LEGAL

ALMEDINA | GRUPOALMEDINA

BIBLIOTECA NACIONAL DE PORTUGAL – CATALOGAÇÃO NA PUBLICAÇÃO

GODINHO, João Carlos Carvalho

A (re)discussão dos fundamentos da vacinação humana obrigatória. – (Ideias jurídicas)
ISBN 978-989-40-0261-1

CDU 342

AGRADECIMENTOS:

Aos meus queridos Pais
Aos meus Familiares e Amigos
À Professora Doutora Luísa Neto
À Professora Doutora Catarina Santos Botelho
À Faculdade de Direito da Universidade do Porto

RESUMO

Com comprovados benefícios individuais e coletivos, a vacinação constitui um dos meios mais seguros de intervenção médica, sendo muito eficaz na prevenção e controlo das doenças infeciosas. As elevadas taxas de imunização possibilitam o surgimento da imunidade de grupo, fenómeno que é vital para o controlo epidemiológico de um largo conjunto de doenças infeciosas, possibilitando mesmo a sua eliminação ou erradicação. Contudo, tem-se verificado um ressurgimento da hesitação, recusa ou oposição vacinal, o que tem gerado, em vários países, uma diminuição dos níveis de imunização, situação que representa um evidente perigo para a saúde pública, problema que, com a atual pandemia de covid-19, se agudiza ainda mais. Assim, a presente dissertação tem por objeto refletir sobre a vacinação numa perspetiva jurídico-constitucional, de modo a analisar em que circunstâncias e com que limites pode a lei impor a vacinação obrigatória. Para o efeito, começa-se por discorrer sobre o direito fundamental à proteção da saúde e o dever fundamental de a defender e promover, seguindo-se uma análise da vacinação como forma de proteção da saúde e uma apreciação da suscetibilidade do legislador estabelecer a vacinação com caráter obrigatório. O estudo empreendido permitiu concluir, designadamente, que a saúde pública é um interesse constitucionalmente protegido e que, nessa medida, a necessidade de a defender pode justificar restrições legais a direitos fundamentais, que terão de respeitar os requisitos de validade a que a Constituição subordina as leis restritivas. Em termos gerais, a lei só poderá impor a vacinação obrigatória quando esta medida seja necessária para a proteção da saúde pública, sendo, em todo o caso, preciso excluir de tal obrigatoriedade as pessoas em relação às quais, por razões médicas, a vacinação seja contraindicada. Só será legítimo tornar obrigatórias vacinas que sejam comprovadamente seguras e eficazes, sendo necessário prever um regime de responsabilidade civil objetiva do Estado para a indemnização de eventuais danos vacinais. Está constitucionalmente vedada a possibilidade de a lei impor a vacinação forçada, pelo que a vacinação obrigatória não dispensa o consentimento do sujeito, sem prejuízo da aplicabilidade das sanções legalmente previstas para o caso de recusa, podendo a lei prever a aplicação de coimas e de sanções pecuniárias compulsórias às pessoas que recusem a vacinação. A lei só poderá condicionar o exercício de atividades quotidianas à apresentação de um certificado de vacinação quando, em função da natureza da atividade e das circunstâncias de saúde pública, tal se revele necessário para a proteção da saúde coletiva.

Palavras-chave: Vacinação obrigatória; Recusa vacinal; Direito à proteção da saúde; Dever de defender a saúde; Direitos e deveres fundamentais; Saúde pública.

ABSTRACT

With proven individual and collective benefits, vaccination is one of the safest means of medical intervention, being very effective in preventing and controlling infectious diseases. The high immunization rates enable the emergence of herd immunity, a phenomenon that is vital for the epidemiological control of a wide range of infectious diseases, even enabling their elimination or eradication. Despite this, there has been a resurgence of hesitation, refusal or opposition to vaccination, which has generated, in several countries, a decrease in immunization levels, a situation that represents an evident danger to public health, a problem that is even more acute with the current covid-19 pandemic. Thus, this dissertation aims to reflect on vaccination from a constitutional perspective, in order to analyze under what circumstances and with what limits the law can impose mandatory vaccination. For this purpose, it begins by discussing the fundamental right to health protection and the fundamental duty to defend and promote health, followed by an analysis of vaccination as a form of health protection and an assessment of the legislator's constitutional susceptibility to establish mandatory vaccination. The study carried out allowed the conclusion, namely, that public health is a constitutionally protected interest and that, to that extent, the need to defend it may justify legal restrictions on fundamental rights, which will have to respect the validity requirements to which the Constitution subordinates the restrictive laws. In general terms, the law can only impose mandatory vaccination when this measure is necessary for the protection of public health and, in any case, it is required to exclude from such obligation those persons in relation to whom, for medical reasons, vaccination is contraindicated. Furthermore, only vaccines that are proven to be safe and effective can be made mandatory, and it is necessary to provide for a strict civil liability regime of the State for the compensation of any vaccine damages. The possibility of the law imposing forced vaccination is constitutionally prohibited, which means that mandatory vaccination does not exempt the informed consent of the subject, without prejudice to the applicability of the sanctions legally provided in case of refusal. In that regard, the law may provide for the application of fines and periodic penalty payments for people who refuse vaccination. Finally, the law can only make the exercise of daily activities conditional on the presentation of a vaccination certificate when, depending on the nature of the activity and public health circumstances, this proves necessary for the protection of public health.

Key-words: *Mandatory vaccination; Vaccine refusal; Right to health protection; Duty to defend health; Fundamental rights and duties; Public health.*

NOTA PRÉVIA

A presente obra corresponde, no essencial, à dissertação de mestrado apresentada pelo seu autor à Faculdade de Direito da Universidade do Porto, e avaliada, pelo júri das provas públicas de mestrado, com uma classificação de 19 valores.

Considerando o corrente contexto de pandemia, bem como a atualidade do tema tratado, pretende-se não protelar a divulgação do presente trabalho aos estudiosos do Direito e ao público em geral, na esperança que a obra agora publicada possa dar um contributo, ainda que modesto, para a expansão do conhecimento e para a compreensão científica das questões jurídicas analisadas.

Impõem-se um agradecimento especial à Ex.ma Senhora Professora Doutora Luísa Neto que, como orientadora, coordenou a investigação subjacente ao presente trabalho.

João Carlos Carvalho Godinho

ÍNDICE

LISTA DE ABREVIATURAS

CC	– Código Civil
CEDH	– Convenção Europeia dos Direitos Humanos
CP	– Código Penal
CRP	– Constituição da República Portuguesa
DGS	– Direção-Geral da Saúde
DUDH	– Declaração Universal dos Direitos Humanos
INFARMED	– Autoridade Nacional do Medicamento e Produtos de Saúde
LBS	– Lei de Bases da Saúde
OMS	– Organização Mundial da Saúde
P	– Proporção da população imune a um determinado agente infecioso
PIDCP	– Pacto Internacional dos Direitos Civis e Políticos
PNV	– Plano Nacional de Vacinação
R	– Número efetivo de reprodução
R_0	– Número básico de reprodução
SNS	– Serviço Nacional de Saúde
STFB	– Supremo Tribunal Federal brasileiro
TC	– Tribunal Constitucional
TEDH	– Tribunal Europeu dos Direitos Humanos

dade – necessidade, adequação e proibição do excesso – enquanto princípio basilar num Estado de Direito Democrático, tal como tem sido salientado pela doutrina e pela jurisprudência no contexto do ordenamento multinível que integramos.

Por outro lado, para esta ponderação do enquadramento de bioética – e/ou de biodireito –, há-de relevar também a discussão sobre a justiça distributiva na desigual alocação – aliás geográfica – de recursos escassos.

Todas estas reflexões têm lugar no texto que ora se prefacia e que corresponde a dissertação de mestrado em Ciências Jurídico-Políticas que tive o gosto de orientar na Faculdade de Direito da Universidade do Porto no ano lectivo transacto.

Que seja este um elemento de contribuição para a literacia em saúde que tanto urge estimular.

Dezembro de 2021

Luísa Neto
Prof. Associada com Agregação da Faculdade de Direito da Universidade do Porto

Introdução

1. Desde o seu surgimento até ao momento atual, a vacinação reduziu drasticamente a incidência e as consequências das doenças infecciosas, salvando anualmente cerca de três milhões de vidas em todo o mundo[1]. A imunização vacinal corresponde, assim, a um dos meios mais eficazes para prevenir estas doenças, sendo somente superada pelo acesso a água potável[2]. Entre os muitos benefícios da vacinação, contam-se: a redução da mortalidade, das complicações e da incidência das doenças infecciosas; a criação de imunidade de grupo; o aumento da esperança

[1] Ehreth, Jenifer, *The value of vaccination: a global perspective*, Vaccine, vol. 21, 2003, p. 4105.

[2] Doherty, Mark [et al.], *Vaccine impact: Benefits for human health*, Vaccine, vol. 34, n.º 52, 2016, p. 6708.

média de vida e a criação de condições favoráveis ao crescimento económico[3].

Importa ter em conta que a vacinação é benéfica tanto para o indivíduo como para a comunidade. No que respeita ao indivíduo, a vacinação é benéfica porque, desde logo, lhe permite desenvolver imunidade face a determinados agentes patogénicos (bactérias, vírus, parasitas ou fungos) que, ao entrarem no corpo humano, podem causar doenças graves[4], que podem ter como consequência o desenvolvimento de incapacidades físicas permanentes ou a morte. Isto significa que a vacinação protege o indivíduo das doenças para as quais se encontra vacinado, salvaguardando a sua vida e saúde. Por outro lado, no que respeita à comunidade, a vacinação é também benéfica por inúmeras razões, entre as quais se destaca o facto de, a partir de um certo nível de imunização da população, se verificar o surgimento da imunidade de grupo, fenómeno que "tem desempenhado um importante papel na redução ou eliminação da transmissão endémica contínua de várias doenças, por isso bene-

[3] Para uma visão geral, cf. ANDRE, Francis E. [et al.], *Vaccination greatly reduces disease, disability, death and inequity worldwide*, Bulletin of the WHO, vol. 86, n.º 2, 2008, p. 140-146.

[4] WHO, *How do vaccines work?* [Em linha], 2020 [consult. 05/12/2020], disponível em <https://www.who.int/emergencies/diseases/novel-coronavirus-2019/covid-19-vaccines/how-do-vaccines-work>.

ficiando a comunidade em geral e não apenas o indivíduo vacinado"[5].

No entanto, apesar de a ciência demonstrar claramente os benefícios individuais e coletivos da vacinação, tem vindo a verificar-se, nos países industrializados, o ressurgimento de movimentos que questionam ou recusam a vacinação – os movimentos antivacinação – que têm gerado, em vários países, uma diminuição dos níveis de imunização da população[6]. Essa diminuição da imunização tem aumentado o risco da ocorrência de surtos de doenças que poderiam ser prevenidas por via da vacinação, tendo provocado, *v.g.*, a ocorrência de surtos de sarampo em países em que essa doença tinha sido eliminada ou estava em vias de ser eliminada[7].

2. São várias as causas do ressurgimento dos movimentos antivacinação nos países industrializados[8]. Por um lado, há pessoas que invocam

[5] OMER, Saad [et al.], *Vaccine Refusal, Mandatory Immunization, and the Risks of Vaccine-Preventable Diseases*, New England Journal of Medicine, vol. 360, n.º 19, p. 1981.

[6] ANDRE, Francis E. [et al.], *Vaccination greatly reduces disease, disability, death and..., op. cit.*, p. 140.

[7] JUNIOR, Vitor L., *Anti-vacinação, um movimento com várias faces e consequências*, Cadernos Ibero-Americanos de Direito Sanitário, Brasília, vol. 8, n.º 2, Abr./Jun., 2019, p. 118-120; OMER, Saad [et al.], *Vaccine Refusal, Mandatory Immunization, and the Risks..., op. cit.*, p. 1984-1985;

[8] Para uma visão geral sobre o assunto, cf. STREEFLAND, Pieter, *Public doubts about vaccination safety and resistance against vaccination*, Health Policy, vol. 55, n.º 3, 2001, p. 159-172.

motivos religiosos ou filosóficos para não se vacinarem a si ou aos seus filhos menores, por considerarem que a vacinação é contrária à sua visão sobre a origem da doença e respetiva cura[9], ou por discordarem dos meios utilizados na produção de certas vacinas[10]. Por outro lado, devido ao problema da desinformação (isto é, da disseminação de informações imprecisas, erradas ou enganosas através da *internet* ou de outros meios de comunicação)[11], generalizaram-se as notícias e informações falsas sobre as vacinas, que alegam que as vacinas são pouco seguras e podem produzir efeitos secundários graves[12], o que contraria totalmente a opinião largamente dominante entre os médicos e cientistas, que consideram que as vacinas são muito seguras[13]. Para além disso, o sucesso das vacinas em erradicar, eliminar ou reduzir drasticamente a incidência das

[9] *Ibidem*, p. 167.

[10] É o caso da vacina da rubéola, por esta ser proveniente de células embrionárias humanas. Cf. Levi, Guido C., *Recusa de vacinas: causa e consequências*, São Paulo, Segmento Farma, 2013, p. 20.

[11] Sobre os conceitos de desinformação e *fake news*, cf. Brisola, Anna; Bezerra, Arthur C., *Desinformação e circulação de 'fake news': distinções, diagnóstico e reação*, XIX Encontro Nacional de Pesquisa em Ciência da Informação – ENANCIB, Londrina, 2018, p. 3316-3330.

[12] Sanches, Samyra; Cavalcanti, Ana, *Direito à saúde na sociedade da informação: a questão das fake news e seus impactos na vacinação*, Revista Jurídica – UNICURITIBA, vol. 4, n.º 53, 2018, p. 461-462.

[13] O investimento em literacia para a saúde constitui uma das formas de combater o problema da desinformação. Cf. a este respeito: *ibidem*, p. 450.

doenças infecciosas fez com que muitas pessoas passassem a subestimar a perigosidade dessas mesmas doenças, precisamente pelo facto de essas enfermidades terem deixado de surgir ou pelo seu surgimento ser extremamente raro, o que também tem contribuído para a diminuição, em certos países, dos níveis de vacinação[14], situação que faz aumentar significativamente o risco do ressurgimento de surtos dessas doenças.

Pode, portanto, dizer-se que a recusa vacinal, acompanhada da consequente diminuição dos níveis de imunização da população, é um fenómeno suscetível de colocar em perigo a vida e a saúde humana, que são direitos subjetivos fundamentais[15] e bens jurídicos constitucionalmente protegidos[16], numa perspetiva individual e coletiva, respetivamente. Assim, se é certo que, numa perspetiva subjetiva, a titularidade de direitos fundamentais implica sempre a atribuição ao sujeito de uma faculdade ou poder[17], é também verdade que, numa perspetiva objetiva,

[14] OMER, Saad [et al.], *Vaccine Refusal, Mandatory Immunization, and the Risks..., op. cit.*, p. 1981.

[15] Artigos 24.º e 64.º da Constituição da República Portuguesa (CRP).

[16] MIRANDA, Jorge; PEREIRA DA SILVA, Jorge, *Anotação ao Artigo 18.º*, *in* MIRANDA, Jorge; MEDEIROS, Rui, *Constituição Portuguesa Anotada – Volume 1*, 2ª edição revista, Lisboa, Universidade Católica Editora, 2017, p. 277.

[17] ANDRADE, Vieira de, *Os Direitos Fundamentais na Constituição Portuguesa de 1976*, 5ª edição, Coimbra, Almedina, 2016, p. 112.

existe um dever estadual de proteção dos bens jusfundamentais enquanto valores comunitários. Nisto se traduz a chamada "dupla dimensão" dos direitos fundamentais[18]. Para além disso, a par do direito fundamental à proteção da saúde, a Constituição da República Portuguesa (CRP) prevê um dever fundamental de defender e promover a saúde[19]. Este dever exprime a importância dada pela CRP à saúde pública[20] e pode justificar a imposição legal de deveres de *facere* (*v.g.*, a vacinação obrigatória) ou de *non facere* (*v.g.*, a proibição de fumar em espaços públicos fechados)[21].

No entanto, não se ignora que as pessoas que decidem não vacinar-se são também titulares de direitos fundamentais, que tutelam a sua integridade física e a sua liberdade de escolha individual[22]. Será, portanto, essencial analisar a temática dos conflitos e colisões de direitos,

[18] Sobre a dupla dimensão dos direitos fundamentais em geral, cf. *ibidem*, p. 107-149. Quanto à dupla dimensão do direito fundamental à saúde, cf. ESTORNINHO, Maria J.; MACIEIRINHA, Tiago, *Direito da Saúde*, Universidade Católica Editora, 2014, p. 33-34.

[19] N.º 1 do artigo 64.º da CRP.

[20] ANDRADE, Vieira de, *Os Direitos Fundamentais na Constituição Portuguesa...*, *op. cit.*, p. 158.

[21] Os exemplos são de Gomes Canotilho e Vital Moreira. Cf. CANOTILHO, Gomes; MOREIRA, Vital, *Constituição da República Portuguesa Anotada – Vol. I*, 4ª edição revista, Coimbra, Coimbra Editora, 2007, p. 826.

[22] Artigo 25.º, n.os 1 e 4 do artigo 26.º e n.º 5 do artigo 36.º da CRP.

assim como os pressupostos de aplicação do mecanismo de restrição de direitos fundamentais.

3. Importa salientar que o artigo 1.º da CRP traduz o reconhecimento constitucional da dignidade da pessoa humana como princípio ético-jurídico estruturante do ordenamento jurídico português[23], o que significa, *maxime*, que a dignidade humana constitui o principal fundamento e limite da atuação estadual (ao qual a própria vontade popular se encontra subordinada)[24], assim como o referencial teleológico e a unidade de sentido da proteção dos direitos fundamentais (sendo, portanto, essencial para a sua interpretação e integração)[25]. Assim, ao analisar questões de natureza jusfundamental, é essencial prestar especial atenção ao princípio da dignidade da pessoa humana, visto que este constitui a sua *ratio*[26].

[23] Mac Crorie, Benedita, *O recurso ao princípio da dignidade da pessoa humana na jurisprudência do Tribunal Constitucional*, *in* «Estudos em comemoração do décimo aniversário da Licenciatura em Direito da Universidade do Minho», Coimbra, Almedina, 2003, p. 153-154.

[24] Miranda, Jorge; Cortês, António, *Anotação ao Artigo 1.º*, *in* Miranda, Jorge; Medeiros, Rui, «Constituição Portuguesa Anotada – Volume I», *op. cit.*, p. 61.

[25] Andrade, Vieira de, *Os Direitos Fundamentais na Constituição Portuguesa...*, *op. cit.*, p. 96-97; Mac Crorie, Benedita, *O recurso ao princípio da dignidade da pessoa humana...*, *op. cit.*, p. 163-164.

[26] Mac Crorie, Benedita, *O recurso ao princípio da dignidade da pessoa...*, *op. cit.*, p. 156.

Ora, a temática da vacinação obrigatória levanta, necessariamente, as aludidas questões de natureza jusfundamental. É que o caráter compulsivo da vacinação implica limitações ou restrições de direitos fundamentais, como o direito à integridade física[27], o direito ao livre desenvolvimento da personalidade[28] e, em certos casos, a liberdade de consciência e de religião[29].

Na verdade, quando considerados na sua total extensão, os direitos fundamentais são suscetíveis de colidir entre si, ou de conflituar com outros interesses constitucionalmente protegidos[30]. Por essa razão, os direitos fundamentais não são ilimitados ou irrestringíveis, havendo a possibilidade de serem objeto de restrições legais, cuja validade depende do cumprimento dos requisitos previstos nos n.os 2 e 3 do artigo 18.º da CRP[31].

Assim, se é certo que os direitos individuais à integridade física e à autodeterminação pessoal incluem, abstratamente, a faculdade de cada pessoa decidir se pretende ou não ser vacinada, a verdade é que o problema da recusa vacinal,

[27] Artigo 25.º da CRP.

[28] N.º 1 do artigo 26.º da CRP.

[29] Artigo 41.º da CRP.

[30] ANDRADE, Vieira de, *Os Direitos Fundamentais na Constituição Portuguesa...*, *op. cit.*, p. 265.

[31] MIRANDA, Jorge; PEREIRA DA SILVA, Jorge, *Anotação ao Artigo 18.º*, *op. cit.*, p. 233-234.

por ser suscetível de enfraquecer ou destruir a imunidade de grupo, coloca em perigo a vida e a saúde de todos os membros da comunidade, que são também direitos e bens constitucionalmente previstos, que o Estado está obrigado a proteger[32].

No que respeita à obrigatoriedade de vacinação dos filhos menores, verifica-se igualmente uma potencial situação de conflito ou colisão. É que, apesar do poder (funcional) parental ser constitucionalmente reconhecido[33], é necessário ter em conta que os filhos menores são igualmente titulares do direito à proteção da saúde (que carece de ser tutelado), direito esse que seria posto em causa pela não vacinação. Para além disso, coloca-se, também aqui, a questão da proteção da saúde pública, visto que a ausência de vacinação ameaça colocar em causa a imunidade de grupo.

4. Assim, importa refletir sobre a forma como coexistem os direitos e valores constitucionais *supra* referidos, de forma a perceber se a necessidade de defender certos direitos ou bens constitucionais pode ou não justificar uma imposição estatal da vacinação obrigatória (e, em caso afirmativo, em que situações ou casos tal imposição se pode considerar justificada).

[32] Sendo essa uma das tarefas fundamentais do Estado. Cf. alíneas b) e d) do artigo 9.º da CRP.

[33] N.º 4 do artigo 26.º e artigos 36.º, 67.º, 68.º e 69.º da CRP.

Num país marcado pelos efeitos catastróficos da pandemia de covid-19, e em que os movimentos antivacinação são um perigo real, é premente discutir a vacinação numa perspetiva jurídico-constitucional, *maxime* para perceber em que situações e com que limites pode o legislador impor a vacinação obrigatória. Que corolários se retiram da proteção da saúde como interesse público e como direito e dever fundamental? Quais são os deveres do Estado em matéria de literacia para a saúde? Pode o Estado obrigar os cidadãos a vacinarem-se? Se sim, em que casos o pode fazer? Estas são apenas algumas das perguntas a que a presente dissertação se propõe a dar resposta.

5. Com esse fito, a presente dissertação encontra-se dividida em três partes, seguidas de uma conclusão.

Na parte I, reflete-se sobre a proteção, conferida pela CRP, à saúde, analisando esta questão nas suas várias dimensões: enquanto direito e dever fundamental e como interesse público constitucionalmente protegido (neste último caso, traduzido na proteção da saúde pública como bem jurídico).

Na parte II, disserta-se sobre o conceito de vacina, assim como sobre os benefícios individuais e coletivos da vacinação. Reflete-se também sobre os perigos e causas do surgimento dos movimentos antivacinação e sobre as possíveis soluções para o problema da recusa vacinal. Por fim, discute-se o papel da vacinação como meio de concretização dos imperativos constitucionais de proteção da saúde.

Na parte III, discute-se juridicamente a problemática da vacinação obrigatória, fazendo-se uma ponderação dos direitos e valores constitucionais que poderão estar em conflito ou colisão. Refletir-se-á, nessa medida, sobre a necessidade de harmonização dos direitos e valores colidentes ou conflituais, numa lógica de proporcionalidade e de concordância prática. Por fim, analisar-se-á a suscetibilidade do legislador impor sanções e outras consequências jurídicas às pessoas que recusem a vacinação.

Comecemos, pois.

I. A proteção da saúde como interesse público e como direito e dever fundamental

1. A evolução do conceito de saúde

Desde os primórdios da humanidade, a preservação da saúde tem sido tema recorrente no pensamento e nas preocupações humanas[34], o que bem se compreende, dada a importância do bem-estar físico e psíquico para a integral realização do ser humano como ser livre[35]. Apesar disso, não existe consenso quanto à definição do

[34] Estorninho, Maria J.; Macieirinha, Tiago, *Direito da Saúde*, *op. cit.*, p. 9.

[35] Como bem refere Cláudia Monge, "[a] doença ou a vida sem saúde restringe faticamente, inibe, condiciona o sujeito e a sua plena realização" (Monge, Cláudia, *O direito fundamental à proteção da saúde*, E-pública [Em linha], vol. 6, n.º 1, 2019 [consult. 08/01/2021], p. 81, disponível em <https://www.e-publica.pt/volumes/v6n1a06.html>).

termo 'saúde', havendo, tradicionalmente, duas correntes de pensamento distintas no que se refere à delimitação do conceito de saúde[36].

A primeira corrente, desenvolvida por médicos e filósofos como Hipócrates (séc. IV a.C.), Paracelsus (séc. XVI) e Engels (séc. XIX), defende que a saúde humana é fortemente influenciada pelo ambiente natural, social e laboral, associando a saúde a uma ideia de equilíbrio e bem-estar[37]. Por seu lado, a segunda corrente, originada pela visão mecanicista de Descartes (séc. XVII), ganhou grande força no séc. XIX, e identifica a saúde como a simples ausência de enfermidade ou doença[38].

O fim da II Guerra Mundial trouxe um extraordinário avanço para a definição do conceito de saúde. Com efeito, em 1946, foi assinada a Constituição da Organização Mundial da Saúde[39], tratado que instituiu a Organização Mundial da Saúde (OMS), organização internacional que tem em vista "a aquisição, por todos os povos, do nível de saúde mais elevado

[36] DALLARI, Sueli G., *O direito à saúde*, Rev. Saúde Pública, São Paulo, vol. 22, n.º1, 1988, p. 58.

[37] *Ibidem*.

[38] *Ibidem*; e BATISTELLA, Carlos, *Abordagens contemporâneas do conceito de saúde, in* FONSECA, Angélica; CORBO, D'Andrea (Org.), «O território e o processo saúde-doença», Rio de Janeiro, EPSJV/FIOCRUZ, 2007, p. 51-57.

[39] MCCARTHY, Michael, *A brief history of the World Health Organization*, The Lancet, vol. 360, n.º 9340, 2002, p. 1111-1112.

que for possível"[40], cujo preâmbulo definiu o conceito de saúde, referindo que "saúde é um estado de completo bem-estar físico, mental e social, e não consiste apenas na ausência de doença ou de enfermidade"[41]. Esta fórmula rejeita, expressamente, o entendimento de que a saúde é a simples ausência de doença, adotando uma visão que reconhece a importância do impacto dos fatores externos, incluindo os fatores sociais, na saúde do indivíduo[42], associando a saúde a uma ideia de bem-estar biopsicossocial[43].

Várias críticas foram feitas à definição de saúde estabelecida pelo preâmbulo da Constituição da OMS, por este definir saúde como um "estado de completo bem-estar", expressão que é apontada pelos críticos como utópica e subjetiva[44], o que conduziria a uma suposta inoperacionalidade jurídica do conceito de saúde[45]. Apesar das críticas, a identificação da saúde como estado de bem-estar físico, mental e social foi reafirmada,

40 Artigo 1.º da Constituição da OMS.

41 §2 do preâmbulo da Constituição da OMS.

42 DALLARI, Sueli G., *O direito à saúde, op. cit.*, p. 58.

43 NUNES, Emília, *Celebração do 25.º aniversário da Carta de Ottawa*, Revista Portuguesa de Saúde Pública, Lisboa, vol. 29, n.º 2, 2011, p. 200.

44 BATISTELLA, Carlos, *Abordagens contemporâneas do conceito de saúde, op. cit.*, p. 57-58.

45 ESTORNINHO, Maria J.; MACIEIRINHA, Tiago, *Direito da Saúde, op. cit.*, p. 20.

em 1978, pela Conferência Internacional sobre Cuidados Primários de Saúde, através da Declaração de Alma-Ata, que destacou "enfaticamente que a saúde – estado de completo bem-estar físico, mental e social, e não simplesmente a ausência de doença ou enfermidade – é um direito humano fundamental" [46]. No mesmo sentido, em 1986, a Primeira Conferência Internacional sobre Promoção da Saúde[47], através da adoção da Carta de Ottawa, destacou que "a saúde é um conceito positivo, que acentua os recursos sociais e pessoais"[48] e que a paz, abrigo, educação, alimentação, recursos económicos, ecossistema sustentável, recursos sustentáveis, justiça social e equidade são "condições e recursos fundamentais para a saúde"[49].

Assim, apesar da controvérsia em torno da determinação do conceito de saúde, verificou-se uma progressiva consolidação da definição de saúde estabelecida no preâmbulo da Constituição da OMS, podendo afirmar-se que o

[46] Conferência Internacional sobre Cuidados Primários de Saúde, (Alma-Ata, 6-12 de setembro de 1978), *Declaração de Alma-Ata,* 12 de setembro de 1978, § I.

[47] NUNES, Emília, *Celebração do 25.º aniversário da Carta de Ottawa, op. cit.*, p. 200.

[48] Primeira Conferência Internacional sobre Promoção da Saúde (Ottawa, 17-21 de novembro de 1986), *Carta de Ottawa*, 21 de novembro de 1986.

[49] *Ibidem.*

termo 'saúde' é amplo, englobando não apenas a ausência de doenças, mas também o estado de completo bem-estar biopsicossocial. Isto significa que o direito à proteção da saúde tem um objeto bastante abrangente, que não é alheio aos fatores sociais e ambientais, conferindo ao sujeito as condições que lhe permitam viver num ambiente favorável à recuperação, manutenção e conservação da saúde.

2. O direito fundamental à proteção da saúde

O direito à proteção da saúde está consagrado no artigo 64.º da CRP como um direito fundamental social, estando inserido no catálogo dos direitos económicos, sociais e culturais[50]. A caraterização constitucional do direito à proteção da saúde como direito social justifica-se pela sua vertente eminentemente positiva, *id est,* prestativa[51]. Com efeito, este direito traduz-se, sobretudo, na faculdade ou poder de cada pessoa exigir do Estado (e, em certas circunstâncias,

[50] Isto é, no título III da parte I da CRP.

[51] Como ensina Jorge Miranda, "os direitos sociais envolvem a pretensão de prestações normativas e materiais ou fáticas", pelo que diferem dos direitos de liberdade, que "têm como contrapartida caraterística uma atitude de respeito e de não interferência por parte de outrem" (MIRANDA, Jorge, *Direitos Fundamentais,* 3ª edição, Coimbra, Almedina, 2020, p. 121).

de terceiros) as prestações e atuações necessárias para a prevenção e tratamento da doença e para a recuperação, preservação e promoção da saúde[52], estando o Estado constitucionalmente obrigado a realizar o direito à saúde por via de um serviço nacional de saúde universal, geral e tendencialmente gratuito[53]. No entanto, apesar da sua vertente maioritariamente positiva, o direito à proteção da saúde engloba também uma vertente negativa ou de defesa, que se traduz na faculdade ou poder de exigir que o Estado e as demais pessoas jurídicas públicas ou privadas se abstenham de praticar atos que sejam suscetíveis de causar dano à saúde[54].

É fácil verificar que a CRP atribui uma grande importância à proteção do bem jurídico 'saúde'. Desde logo, tendo em conta a óbvia relação entre os bens jurídicos vida, integridade pessoal e saúde, pode afirmar-se que existem importantes pontos de contacto entre o objeto do direito à proteção da saúde e o objeto de outros direitos

[52] Monge, Cláudia, *O direito fundamental à proteção da saúde, op.cit.*, p. 78.
Sobre o conceito de direito subjetivo fundamental, cf. Andrade, Vieira de, *Os Direitos Fundamentais na Constituição Portuguesa..., op. cit.*, p. 111-133.

[53] Alínea a) do n.º 2 do artigo 64.º da CRP.

[54] Canotilho, Gomes; Moreira, Vital, *Constituição da República... – Vol. I, op. cit.*, p. 825.

fundamentais[55], como o direito à vida[56] e o direito à integridade pessoal[57]. Por outro lado, para além do artigo 64.º da CRP, existem outras normas constitucionais que (lateralmente) também protegem o bem jurídico 'saúde'[58], como é o caso do direito à prestação do trabalho em condições de higiene, segurança e saúde[59], do direito dos consumidores à proteção da saúde[60] e do direito a um ambiente sadio[61].

Como é evidente, a localização sistemática do direito à proteção da saúde no catálogo dos direitos sociais não implica que este direito seja destituído de força jurídica – ainda que se não acolhesse a dogmática unitária dos direitos fundamentais. Com efeito, enquanto verdadeiros e próprios direitos subjetivos fundamentais[62] aos quais correspondem deveres de respeitar, de proteger e de realizar, os direitos sociais não estão na livre disponibilidade do legisla-

[55] Medeiros, Rui, *Anotação ao Artigo 64.º*, *in* Miranda, Jorge; Medeiros, Rui, *Constituição Portuguesa Anotada – Volume I*, *op. cit.*, p. 946.
[56] Artigo 24.º da CRP.
[57] Artigo 25.º da CRP.
[58] Estorninho, Maria J.; Macieirinha, Tiago, *Direito da Saúde*, *op. cit.*, p. 33.
[59] Alínea c) do n.º 1 do artigo 59.º da CRP.
[60] N.º 1 do artigo 60.º da CRP.
[61] N.º 1 do artigo 66.º da CRP.
[62] Novais, J. Reis, *Em defesa do Tribunal Constitucional*, Coimbra, Almedina, 2014, p. 134-153.

dor[63]. Nesse sentido, a alínea d) do artigo 9.º da CRP esclarece que constitui tarefa fundamental do Estado a efetivação dos direitos económicos, sociais e culturais[64], estabelecendo expressamente essa efetivação como objetivo a prosseguir pelo Estado, sendo que a ausência de efetivação pode gerar inconstitucionalidade por omissão[65].

Desde logo, todos têm o dever de respeitar o direito à proteção da saúde na sua vertente negativa ou de defesa, correspondente a uma obrigação passiva universal de não ingerência[66]. Depois, o Estado, por via das suas autoridades administrativas e de polícia, tem o dever de proteger a saúde como bem individual e coletivo, quer contra a ocorrência de factos naturais que a coloquem em perigo, que prevenindo a prática de atos que possam lesar a saúde individual ou a saúde pública[67]. Por sua vez, o Estado tem o dever de realizar o direito à proteção da saúde através de prestações públicas de saúde, destacando-se a obrigação de organizar um

[63] Novais, J. Reis, *Direitos Sociais – Teoria Jurídica dos Direitos Sociais enquanto Direitos Fundamentais*, 2.ª edição, Lisboa, AAFDL Editora, 2017, p. 53 e 310-317.

[64] Alínea d) do artigo 9.º da CRP.

[65] Artigo 283.º da CRP.

[66] Monge, Cláudia, *O direito fundamental à proteção da saúde*, *op. cit.*, p. 86-87.

[67] Novais, J. Reis, *Direitos Sociais...*, *op. cit.*, p. 312-313; e Monge, Cláudia, *O direito fundamental à proteção da saúde*, *op. cit.*, p. 86-87.

serviço nacional de saúde que garanta o acesso de todos aos cuidados de saúde[68], assim como de promover políticas públicas que atuem sobre "as determinantes da saúde"[69].

Importa afirmar que, embora seja frequente considerar-se que os direitos sociais têm, em geral, um conteúdo mais indeterminado ou indeterminável que os direitos, liberdades e garantias (e que, por isso, o legislador ordinário conserva uma maior margem de decisão no que respeita à sua concretização)[70], isso não se

[68] *Ibidem*.

[69] *Ibidem*, p. 87.

Para além disso, à semelhança de qualquer outro direito fundamental, ao direito à proteção da saúde são também aplicáveis os princípios da universalidade (artigo 12.º da CRP), da igualdade (artigo 13.º da CRP), da tutela jurisdicional efetiva (n.º 1 do artigo 20.º da CRP), da responsabilidade civil do Estado (artigo 22.º da CRP, norma que também protege os direitos sociais, visto que prevê a responsabilidade civil do Estado e das demais entidades públicas por ações ou omissões "de que resulte violação dos direitos, liberdades e garantias ou prejuízo para outrem", o que significa que haverá lugar a indemnização sempre que a atuação estadual viole direitos sociais, quando dessa violação resultar prejuízo para o titular do direito), da confiança e da proporcionalidade (os princípios da confiança e da proporcionalidade são corolários do princípio do Estado de Direito, previsto no artigo 2.º da CRP). Sobre estes princípios, cf. MIRANDA, Jorge, *Direitos Fundamentais, op. cit.*, p. 291-466.

[70] Segundo o Tribunal Constitucional (TC), "os direitos sociais – por serem direitos a prestações fácticas e normativas a cargo do Estado – não têm em princípio um conteúdo que possa ser determinado a nível constitucional", pelo que a sua concretização depende "de opções do legislador, que age neste domínio de acordo

verifica, na mesma medida, em relação ao direito à proteção da saúde, visto que este direito se encontra consideravelmente delimitado pela CRP[71]. Com efeito, a CRP é clara em estabelecer que o direito à proteção da saúde é realizado através de um serviço nacional de saúde com caraterísticas de universalidade, generalidade e tendencial gratuitidade[72], que deverá ter uma

com aquilo que lhe for historicamente possível" (Acórdão do TC n.º 184/2008, ponto II, 9).

Também J. Reis Novais refere que o facto de, nos direitos sociais, a reserva do possível ser mais evidente, aconselhou "o legislador constituinte a estabelecer, quando for esse o caso, apenas um dever jurídico de realização do direito social de forma gradual e diferida no tempo por parte do Estado e a remeter implicitamente para o legislador ordinário, em função das disponibilidades e das circunstâncias de cada momento, a fixação das prestações devidas no cumprimento dessa obrigação" (Novais, J. Reis, *Direitos Sociais..., op. cit.*, p. 164).

[71] Monge, Cláudia, *O direito fundamental à proteção da saúde, op. cit.*, p. 79.

[72] Alínea a) do n.º 2 do artigo 64.º da CRP. Como foi afirmado pelo TC, este comando constitucional determina que o Serviço Nacional de Saúde (SNS) deverá estar ao dispor de todas as pessoas (universalidade), deverá abranger e prestar todo o tipo de cuidados e especialidades médicas (generalidade) e terá que prestar os serviços médicos a título gratuito, sem exigir ao beneficiário o pagamento de qualquer contraprestação que tenha por fim transferir para este o custo do serviço (tendencial gratuitidade). A tendencial gratuitidade não impede, contudo, que seja cobrada ao beneficiário uma taxa moderadora, que tenha em vista racionalizar a procura dos serviços de saúde (devendo, contudo ser garantida a gratuitidade total às pessoas mais carenciadas). Cf. Acórdão do TC n.º 731/95, pontos 5.1, 6.1, 6.2 e 6.3.

gestão descentralizada e participada[73]. Assim, o direito à proteção da saúde engloba necessariamente a faculdade de aceder ao Serviço Nacional de Saúde (SNS), serviço que foi criado em 1979 e que constitui a trave-mestra da efetivação deste direito[74]. Por outro lado, a CRP estabelece que o Estado está obrigado a garantir que todas as pessoas possam aceder "aos cuidados da medicina preventiva, curativa e de reabilitação"[75], o que significa que "[o] conteúdo do direito à proteção da saúde não se queda [...] por um tipo

[73] N.º 4 do artigo 64.º da CRP.
O TC entende que o termo "gestão descentralizada" se refere à chamada "descentralização técnica ou por serviços", o que significa que o SNS não deverá estar integrado na administração direta do Estado (submetida ao poder de direção do Governo), mas sim na administração indireta (submetida, não ao poder de direção, mas somente a um poder de superintendência do Governo). Relativamente ao termo "gestão participada", entende o TC que se trata de "uma densificação do princípio constitucional da democracia participativa", cujo conteúdo implica, no mínimo, "a criação, [no SNS], de órgãos, nos quais tenham assento representantes dos utentes do Serviço Nacional de Saúde e dos profissionais de saúde, para poderem ser consultados acerca das orientações a seguir ou mesmo para tomarem parte nas decisões a adotar" (Acórdão do TC n.º 731/95, pontos 7.1. 7.2 e 7.3).

[74] Para António Arnaut, o SNS foi criado, não só para satisfazer um imperativo constitucional, como também para "responder a um imperativo ético" (Arnaut, António, *Os novos direitos fundamentais à cidade e à saúde: globalização, cidadania e Serviço Nacional de Saúde, in* «Serviço Nacional de Saúde, SNS, 30 anos de resistência», 3.ª edição, Imprensa da Universidade de Coimbra, 2020, p. 97).

[75] Alínea a) do n.º 3 do artigo 64.º da CRP.

de medicina puramente curativa, tendo a Constituição adotado uma visão integrada e extensa de cuidados de saúde, cujo acesso o Estado deve garantir aos cidadãos"[76]. Para além disso, o direito à proteção da saúde engloba a faculdade da pessoa aceder a uma unidade de saúde que seja geograficamente próxima do seu local de residência[77], assim como o direito a "uma assistência pronta, em tempo útil, com correção e de acordo com as *leges artis*"[78]. O direito à proteção da saúde engloba ainda o direito à qualidade dos serviços de saúde[79], assim como o direito à informação de saúde[80] e o direito à segurança

[76] ESTORNINHO, Maria J.; MACIEIRINHA, Tiago, *Direito da Saúde, op. cit.*, p. 32.

[77] Parece ser claro que, sem essa proximidade geográfica, o direito à proteção da saúde fica inevitavelmente prejudicado. Por isso mesmo, a CRP determina a obrigação do Estado garantir uma cobertura territorial suficiente de unidades de saúde e recursos humanos, sendo esta mais uma garantia constitucional da efetivação do direito à saúde. Cf. alínea b) do n.º 3 do artigo 64.º da CRP.

[78] MONGE, Cláudia, *O direito fundamental à proteção da saúde, op. cit.*, p. 93.

[79] Como resulta da alínea d) do n.º 3 do artigo 64.º da CRP, o Estado tem o dever de garantir (*maxime*, por via da fiscalização) que os serviços de saúde prestados nas instituições de saúde públicas e privadas cumprem com "adequados padrões de eficiência e de qualidade".

[80] O direito à informação de saúde resulta também do direito à identidade pessoal e do direito ao livre desenvolvimento da personalidade, previstos no n.º 1 do artigo 26.º da CRP. Nesse sentido, cf. ESTORNINHO, Maria J.; MACIEIRINHA, Tiago, *Direito da Saúde, op. cit.*, p. 281.

dos medicamentos e dos meios de tratamento e diagnóstico[81].

É de salientar que, à medida que o legislador ordinário for procedendo à efetivação e determinação legislativa do conteúdo não constitucionalmente determinável dos direitos sociais (designadamente, através da criação de serviços públicos que os concretizem), essa efetivação adquire igualmente proteção constitucional[82], sendo que a "revogação da execução dada a um direito fundamental [...] implica uma ofensa ao próprio direito fundamental"[83]. Evidentemente, isto não implica que a efetivação já dada a um

[81] Por isso, a CRP atribui expressamente ao Estado a tarefa de disciplinar e fiscalizar os medicamentos e os meios de tratamento e diagnóstico. Cf. alínea e) do n.º 3 do artigo 64.º da CRP.

[82] Como bem refere J. Reis Novais, "à medida que beneficiam do respetivo desenvolvimento legal, os direitos sociais adquirem uma determinação e uma determinabilidade plenas e compatíveis com a sua natureza jusfundamental", pelo que a "afetação dessas posições por parte do legislador ordinário constituirá, na sua plenitude, uma afetação de direito fundamental" (Novais, J. Reis, *Direitos Sociais..., op. cit.*, p. 195). Esta conclusão é, aliás, reforçada pelo n.º 1 do artigo 16.º da CRP, que estabelece a cláusula aberta dos direitos fundamentais.

[83] Acórdão do TC n.º 39/84, ponto 2.3.3. No mesmo sentido, cf. Acórdão do TC n.º 509/2002; Novais, J. Reis, *Direitos Sociais..., op. cit.*, p. 194-195; e Canotilho, Gomes, *Direito Constitucional e Teoria da Constituição*, 7ª edição, Almedina, 2003, p. 339-340 e 478-479, que refere que "o núcleo essencial dos direitos sociais já realizado e efetivado através de medidas legislativas [...] deve considerar-se constitucionalmente garantido, sendo inconstitucionais quaisquer medidas estaduais que, sem a criação de outros esquemas alternativos ou compensatórios, se traduzam, na prática, numa 'anulação',

direito social não possa ser, mais tarde, objeto de restrição[84]. Implica, sim, que essa restrição seja "vista por aquilo que é, ou seja, como afetação (restrição) de direito fundamental, com a necessidade de justificação, a densidade do respetivo controlo e as restantes consequências que resultam de tal facto"[85].

3. A concretização legislativa ordinária

O processo de democratização e socialização, associado à superação da visão oitocentista e puramente individualista da sociedade[86], mudou a forma como se vislumbram os direitos fundamentais, conduzindo ao reconhecimento da existência de uma "dupla dimensão dos direitos fundamentais"[87], o que significa que "os direitos fundamentais apresentam simultaneamente uma dimensão subjetiva – atribuindo posições jurídicas – e uma dimensão objetiva – protegendo valores comunitários ou transindividuais"[88].

'revogação' ou 'aniquilação' pura e simples desse núcleo essencial" (*ibidem*, p. 340).

84 Que, em certos casos, até pode ser motivada pela chamada "reserva do possível" (Novais, J. Reis, *Direitos Sociais...*, *op. cit.*, p. 130-134).

85 *Ibidem*, p. 195.

86 Andrade, Vieira de, *Os Direitos Fundamentais na Constituição...*, *op. cit.*, p. 51-67.

87 *Ibidem*, p. 112.

88 Estorninho, Maria J.; Macieirinha, Tiago, *Direito da Saúde*, *op. cit.*, p. 33.

Assim, numa perspetiva objetiva, pode afirmar-se que o artigo 64.º da CRP implica a consagração constitucional da saúde como bem comunitário a ser protegido pelo Estado, o que significa que o Estado está constitucionalmente obrigado a proteger e preservar a saúde pública[89]. Para o efeito, o Estado deve adotar "medidas legislativas orientadas à proteção da saúde pública"[90], empregar estratégias com vista à melhoria das condições de saúde e bem-estar da comunidade[91], regular o setor privado da saúde[92], garantir a qualidade dos serviços públicos e privados de saúde (designadamente por via da regulação e fiscalização)[93], disciplinar e fiscalizar a produção, comercialização e uso de medicamentos e equipamentos de saúde (incluindo as vacinas)[94], promover a literacia para a saúde[95] e desenvolver a atividade administrativa necessária "a prevenir ou eliminar os perigos ou as ameaças à saúde das populações"[96].

89 *Ibidem*, p. 33-34.

90 *Ibidem*, p. 34.

91 Alínea b) do n.º 2 do artigo 64.º da CRP; Estorninho, Maria João; Macieirinha, Tiago, *Direito da Saúde, op. cit.*, p. 34.

92 Alínea d) do n.º 3 do artigo 64.º da CRP.

93 *Ibidem.*

94 Alínea e) do n.º 3 do artigo 64.º da CRP.

95 Alínea b) do n.º 2 do artigo 64.º da CRP.

96 Estorninho, Maria J.; Macieirinha, Tiago, *Direito da Saúde, op. cit.*, p. 34.

Ora, em cumprimento deste comando constitucional, a regulação do direito à proteção da saúde assenta o seu esteio na Lei de Bases da Saúde (LBS)[97], que constitui um importante instrumento de efetivação do direito à proteção da saúde[98], não se limitando ao estabelecimento das bases do SNS, mas antes regulando todo o setor da saúde[99]. Enquanto lei de bases, a LBS corresponde a uma lei de valor reforçado, pelo que possui "supremacia normativa sobre as demais leis [ordinárias]"[100]. A LBS reconhece o papel primacial do Estado na defesa da saúde pública[101], especificando vários deveres estaduais nesta matéria. Nesse sentido, destaca-se a obrigação do Estado promover a literacia para a

[97] Que na sua versão atual se aprovou em anexo à Lei n.º 95/2019, de 4 de setembro.

[98] Roseira, M. Belém, *A nova Lei de Bases da Saúde,* E-pública [Em linha], vol. 6, n.º 1, 2019 [consult. 29/01/2021], p. 65, disponível em <https://www.e-publica.pt/volumes/v6n1a05.html>.

[99] Pereira, A. Dias, *Uma Lei de Bases da Saúde para os anos 2020*, E-pública [Em linha], vol. 6, n.º 1, 2019 [consult. 29/01/2021], p. 51, disponível em <https://www.e-publica.pt/volumes/v6n1a04.html>.

[100] Neto, Luísa, *O Estado de Direito Democrático e as leis de valor reforçado, in* «Estudos em homenagem ao Professor Doutor Jorge Ribeiro de Faria», Coimbra Editora, 2003, p. 528. Recorde-se que as leis de base são, nos termos do n.º 3 do artigo 112.º da CRP, leis de valor reforçado. Cf. Canotilho, Gomes; Moreira, Vital, *Constituição da República Portuguesa Anotada – Vol. II,* 4ª edição revista, Coimbra, Coimbra Editora, 2010, p. 60).

[101] Cf., *v.g.*, alínea b) do n.º 2 da base 4 e bases 10 e 34 da LBS.

saúde[102], monitorizar a "evolução do estado de saúde da população"[103], atuar com vista a melhorar esse estado de saúde[104], regular e fiscalizar o SNS e as entidades do setor privado e social da saúde[105] e, quando necessário, intervir na defesa da saúde pública[106].

A literacia para a saúde (conceito que inclui a denominada "literacia vacinal"[107]) pode ser definida como o conjunto de "habilidades cognitivas e sociais que determinam a motivação e capacidade dos indivíduos em aceder, compreender e usar a informação de maneiras que permitam promover e manter uma boa saúde"[108]. Visto que a ciência tem documentado reiteradamente que os baixos níveis de literacia em saúde estão associados a uma taxa de mortalidade mais elevada, a um fator de risco acrescido de contrair diversas doenças, a uma maior incidência e gravidade das doenças crónicas, a uma maior probabilidade de internamento hospitalar, a uma baixa ade-

102 Base 12 e alínea e) do n.º 2 da base 4 da LBS.

103 N.º 1 da base 10 da LBS.

104 N.º 2 da base 10 da LBS.

105 N.º 3 da base 6 da LBS.

106 Base 34 da LBS.

107 Lorini, Chiara [et al.], *Health literacy and vaccination: A systematic review*, Human Vaccines & Immunotherapeutics, vol. 14, n.º 2, 2018, p. 478.

108 WHO, *Health Promotion Glossary* [Em linha], 1998 [consult. 30/01/2021], disponível em <https://www.who.int/healthpromotion/about/HPR%20Glossary%201998.pdf?ua=1>.

são ou procura de meios de prevenção e rastreio da doença e a um uso ineficiente dos serviços de saúde[109], as medidas de melhoria da literacia para a saúde são hoje compreendidas como essenciais para promover a saúde pública, estando o Estado constitucionalmente obrigado a desenvolver a "educação sanitária do povo"[110]. A melhoria dos níveis de literacia em saúde da população deverá passar por medidas que permitam às pessoas "compreender, aceder e utilizar melhor a informação sobre saúde"[111], o que inclui, não só a necessidade de combater a desinformação, fornecendo às pessoas informação credível, acessível, próxima, clara e simples sobre saúde, como também a necessidade de desenvolver a capacidade das pessoas compreenderem a informação sobre saúde, promovendo, designadamente, o diálogo entre os cidadãos e os profissionais de saúde, a realização de sessões de esclarecimento sobre temas de saúde (*v.g.*, nas escolas, universidades e locais de trabalho), os programas de aprendizagem ao longo da vida e o compromisso dos serviços de saúde e dos profis-

[109] PEDRO, Ana R.; AMARAL, Odete; ESCOVAL, Ana, *Literacia em saúde, dos dados à ação: tradução, validação e aplicação do 'European Health Literacy Survey' em Portugal*, Revista Portuguesa de Saúde Pública, vol. 34, n.º 3, p. 261-262.

[110] Alínea b) do n.º 2 do artigo 64.º da CRP.

[111] N.º 1 da base 12 da LBS.

sionais de saúde para com o desenvolvimento da literacia para a saúde[112].

Importa também fazer referência às situações de perigo para a saúde pública e de emergência sanitária (como é o caso das epidemias de doenças contagiosas). Nestas situações, a LBS estabelece que compete às autoridades de saúde[113] decidir quanto à "intervenção do Estado na defesa da saúde pública"[114], podendo essa intervenção passar, *v.g.*, pela suspensão ou encerramento de estabelecimentos ou outros locais[115], pelo internamento ou tratamento compulsivo de pessoas[116] ou pela requisição de estabelecimentos de saúde e de profissionais de saúde[117]. Em caso

[112] Sobre o assunto, cf. Nutbeam, Don, *Health literacy as a public goal: a challenge for contemporary health education and communication strategies into the 21st century*, Health Promotion International, Oxford University Press, vol. 15, n.º 3, 2000, p. 264-267; Antunes, Maria L., *A literacia em saúde: investimento na promoção da saúde e na racionalização de custos, in* «As bibliotecas da saúde, que futuro? Actas das XI Jornadas APDIS, 27 e 28 de março de 2014», Lisboa, APDIS, 2014, p. 130-131; e Kickbusch, Ilona [et al.], *Health literacy: the solid facts*, Copenhagen, WHO Regional Centre for Europe, 2013, p. 26-67.

[113] As regras de designação, competência e funcionamento das autoridades de saúde são as estabelecidas no Decreto-Lei n.º 82/2009, de 2 de abril.

[114] N.º 1 da base 34 da LBS.

[115] Alínea a) do n.º 2 da base 34 da LBS.

[116] Alínea b) do n.º 2 da base 34 da LBS. Esta norma é, todavia, de constitucionalidade duvidosa, visto que parece ser suscetível de violar o disposto nos n.os 2 e 3 do artigo 27.º da CRP.

[117] Alínea d) do n.º 2 da base 34 da LBS.

de emergência de saúde pública, a LBS determina ainda que o membro do Governo responsável pela área da saúde deve tomar as medidas de exceção indispensáveis para o restabelecimento da segurança sanitária[118]. Obviamente, a intervenção sanitária estadual tem sempre que observar as regras e princípios constitucionais aplicáveis, como o princípio da juridicidade administrativa[119] e o princípio da proporcionalidade em sentido amplo[120].

Por outro lado, a necessidade de defesa da saúde pública como bem jurídico constitucionalmente protegido pode, em caso de conflito

[118] N.º 3 da base 34 da LBS.

[119] Artigos 2.º e 3.º e n.os 1 e 2 do artigo 266.º da CRP. Não só a atividade administrativa tem de respeitar a CRP e a lei (princípio da constitucionalidade e princípio do primado da lei), como está sujeita a um princípio de reserva de lei, o que implica que toda a atividade administrativa depende da existência de base legal prévia, isto é, de um ato legislativo prévio que preveja e legitime essa possibilidade de atuação (cf. Oliveira, F. Paula; Dias, J. E. Figueiredo, *Noções Fundamentais de Direito Administrativo*, 4ª edição, Almedina, 2016, p. 115-118). Evidentemente, a atividade administrativa lesiva ou potencialmente lesiva dos direitos fundamentais dos cidadãos só é válida caso tenha por base legal um ato legislativo prévio que observe todos os requisitos e limites constitucionalmente estabelecidos para a restrição de direitos fundamentais (designadamente, mas não só, os requisitos estabelecidos no n.º 2 e 3 do artigo 18.º da CRP), sendo que, no caso de estarem em causa direitos, liberdades e garantias, esse ato legislativo terá que revestir a forma de lei da Assembleia da República ou decreto-lei autorizado do Governo (cf. n.º 2 do artigo 165.º da CRP).

[120] Artigo 2.º e n.º 2 do artigo 18.º da CRP.

com um direito fundamental, motivar uma restrição legal ao direito fundamental conflituante, visto que a saúde pública constitui um "interesse constitucionalmente protegido", na aceção do n.º 2 do artigo 18.º da CRP. Contudo, a validade da restrição de direitos fundamentais está sujeita ao cumprimento dos restantes requisitos estabelecidos nos n.os 2 e 3 do artigo 18.º da CRP. Nestes termos, além da restrição ter que ser motivada pela necessidade de salvaguardar outros direitos ou interesses constitucionalmente protegidos (na hipótese em análise, esse interesse seria a proteção da saúde pública), a restrição tem que ser adequada, necessária e proporcional ao objetivo a alcançar, tem de revestir caráter geral e abstrato, não pode ter efeito retroativo e tem de respeitar necessariamente o núcleo essencial do direito[121].

Importa finalmente referir que o artigo 64.º da CRP não estabelece apenas um direito à proteção da saúde, mas prevê também o dever de todos de defender e promover a saúde[122], podendo este dever motivar restrições a direitos fundamentais, por via da imposição legal de obrigações de *facere* (*v.g.*, vacinação obrigatória) ou de *non facere* (*v.g.*, proibição de fumar em

[121] N.os 2 e 3 do artigo 18.º da CRP.

[122] Cf. 2.ª parte do n.º 1 do artigo 64.º da CRP.

espaços fechados)[123]. Com efeito, a parte I da CRP, além de estabelecer um conjunto de direitos fundamentais, estabelece também deveres fundamentais, que se justificam pela natureza social do ser humano, que não vive isoladamente, mas sim em sociedade, "fora da qual não é possível o livre e pleno desenvolvimento da sua personalidade"[124]. Assim, através dos deveres fundamentais, a CRP chama o indivíduo a dar o seu contributo para a proteção da dignidade humana, da justiça, da segurança e do progresso social[125].

Em geral, um dever corresponde a uma posição jurídica passiva, que vincula a pessoa à adoção de um determinado comportamento positivo (ação ou *facere*) ou negativo (omissão ou *non facere*)[126]. No entanto, entende-se que os deveres fundamentais não têm aplicabilidade direta, pelo que carecem "de previsão normativa ex-

[123] Os exemplos dados são de Gomes Canotilho e Vital Moreira. Cf. Canotilho, Gomes; Moreira, Vital, *Constituição da República... – Vol. I, op. cit.*, p. 826.

[124] N.º 1 do artigo 29.º da Declaração Universal dos Direitos Humanos (DUDH).

[125] Andrade, Vieira de, *Os Direitos Fundamentais na Constituição...*, *op. cit.*, p. 150-151; e Miranda, Jorge, *Direitos Fundamentais, op. cit.*, p. 102-107.

[126] *Ibidem*, p. 102; Justo, A. Santos, *Introdução ao Estudo do Direito*, 6.ª edição, Coimbra, Coimbra Editora, 2012, p. 37; e Mota Pinto, Carlos A.; Monteiro, A. Pinto; Mota Pinto, Paulo, *Teoria Geral do Direito Civil*, 4.ª edição, Coimbra, Coimbra Editora, 2012, p. 180-186.

pressa para serem fonte concreta de obrigações jurídicas"[127]. Nesta perspetiva, os deveres fundamentais traduzem, em geral, a explicitação de bens jurídicos constitucionalmente protegidos que podem justificar restrições a direitos fundamentais[128], ou, em casos excecionais, atribuem a certos direitos a configuração de poderes-deveres ou poderes-funcionais[129]. São raras as situações em que a previsão de deveres fundamentais confere a direitos fundamentais uma natureza de poderes-funcionais, sendo certo que a CRP não estabeleceu um modelo funcionalista de direitos fundamentais[130].

Assim, o dever fundamental de defender e promover a saúde visa, essencialmente, traduzir a relevância da saúde pública como valor comunitário constitucionalmente protegido, pelo que

[127] ANDRADE, Vieira de, *Os Direitos Fundamentais na Constituição...*, *op. cit.*, p. 159.

[128] *Ibidem*, p. 157-159.

[129] É o caso do dever dos pais de educação e manutenção dos filhos (cf. *ibidem*, p. 158, n. de rodapé 127), previsto no n.º 5 do artigo 36.º da CRP.

[130] Assim, a circunstância da CRP prever um dever associado a um direito fundamental não justifica, só por si, uma afetação desse direito à prossecução de uma dada finalidade social, pelo que um direito fundamental só é considerado funcional nos casos em que o conteúdo do direito justifique essa funcionalização. É o que acontece, *v.g.*, com o poder-dever dos pais de educação e manutenção dos filhos, visto tratar-se de um poder que incide sobre os filhos, o que justifica a sua funcionalização ao interesse destes. Cf. ANDRADE, Vieira de, *Os Direitos Fundamentais na Constituição...*, *op. cit.*, p. 152-159.

"este dever tem como objeto a saúde pública, não a saúde privada"[131]. Isto significa que o Estado pode exigir a cada pessoa que contribua na defesa e promoção da saúde comunitária, mas não pode obrigar ninguém a cuidar da própria saúde, sob pena de se cair num paternalismo estadual inaceitável, retirando ao indivíduo o direito de opção, inerente à sua capacidade de autodeterminação[132]. Contudo, caso a recusa da pessoa em se submeter a determinada medida preventiva ou de tratamento de doença seja suscetível de colocar em causa a saúde pública, o Estado está legitimado a intervir com vista a defender a saúde comunitária, podendo impor à pessoa a adoção de comportamentos positivos ou negativos[133], desde que essa restrição de direitos respeite os requisitos dos n.ºs 2 e 3 do artigo 18.º da CRP, assim como a dignidade da pessoa humana. Isto releva, por exemplo, no caso da recusa vacinal, visto que a mesma é, muitas vezes, suscetível de prejudicar a saúde pública (por enfraquecer a imunidade de grupo), situação que pode permitir ao Estado, nos termos suprarreferidos, impor a vacinação obrigatória.

[131] Gomes, Carla A., *Defesa da saúde pública vs. liberdade individual: casos da vida de um médico de saúde pública*, Lisboa, 1999, p. 10.

[132] *Ibidem*, p. 10-11.

[133] *Ibidem*, p. 10.

II. A vacinação como forma de proteção da saúde

1. Os invocados benefícios da vacinação

Os seres humanos vivem rodeados de microrganismos que, quando patogénicos, constituem um perigo para a saúde humana. Os agentes patogénicos (isto é, os organismos causadores de doenças, como bactérias, vírus, fungos e parasitas), são compostos por várias subpartes – entre as quais se incluem os antigénios – que diferem consoante o tipo de agente patogénico em questão[134]. De cada vez que o corpo humano é infetado por agentes patogénicos é despoletada uma reposta natural por parte do sistema imunitário, na qual se inclui a produção de anticorpos espe-

[134] WHO, *How do vaccines work?* [Em linha], 2020 [consult. 10/02/2021], disponível em <https://www.who.int/emergencies/diseases/novel-coronavirus-2019/covid-19-vaccines/how-do-vaccines-work>.

cíficos com vista a combater o agente infecioso invasor. É em reação à presença dos antigénios que os anticorpos são despoletados[135].

Todavia, em geral, os anticorpos produzidos para eliminar um determinado agente patogénico não são adequados para a eliminação de outros tipos de agentes patogénicos (visto que o tipo de antigénios também é diferente), o que significa que, de cada vez que o corpo humano é infetado por um agente patogénico desconhecido, o sistema imunitário leva tempo para produzir os anticorpos adequados para combater esse agente específico. É, precisamente, durante esse intervalo de tempo que a pessoa pode adoecer gravemente[136]. No entanto, assim que o corpo humano produz os anticorpos específicos para combater um determinado agente patogénico, são igualmente criadas células de memória (os plasmócitos), que estão na base do desenvolvimento da chamada 'imunidade adquirida'. Tal significa que, caso o organismo humano seja novamente atacado pelo mesmo agente infecioso, essas células de memória produzem imediatamente os anticorpos específicos para o combater, o que permite ao organismo reagir de imediato, evitando o desenvolvimento da doença[137].

[135] *Ibidem.*

[136] *Ibidem.*

[137] Delves, Peter J., *Imunidade adquirida* [Em linha], Manual MSD (Versão Saúde Para a Família), 2020 [consult. 10/02/2021], dispo-

Ora, esse mesmo efeito ocorre quando uma vacina é administrada ou inoculada, já que a vacina permite imitar uma infeção sem causar a doença, introduzindo no corpo os antigénios que permitem ao sistema imunitário desenvolver a memória imunológica para combater os agentes infeciosos correspondentes[138]. Assim, e em termos perfuntórios, as vacinas consistem em preparações antigénicas que visam gerar uma resposta imunitária do corpo humano em relação a um ou vários agentes patogénicos, de modo que, futuramente, devido à memória imunológica, a pessoa inoculada fique protegida contra as doenças provocadas por esses agentes patogénicos[139].

Desde o seu surgimento, a vacinação reduziu radicalmente a proliferação e o impacto das doenças infeciosas a nível global, sendo considerada como um dos meios mais seguros e eficazes de intervenção médica, salvando anualmente cerca de três milhões de vidas e impedindo (também anualmente) que cerca de 750.000

nível em <https://www.msdmanuals.com/pt/casa/doen%C3%A7as-imunol%C3%B3gicas/biologia-do-sistema-imunol%C3%B3gico/imunidade-adquirida>.

138 CDC, *Understanding How Vaccines Work* [Em linha], 2018 [consult. 10/02/2021], disponível em <https://www.cdc.gov/vaccines/hcp/conversations/downloads/vacsafe-understand-color-office.pdf>.

139 SANOFI PASTEUR MSD, *O que são vacinas?* [Em linha], 2018 [consult. 10/02/2021], disponível em <http://vacinas-temp.inesting.com/vacinas/o-que-sao-vacinas/#.YCKl5Oj7TIV>.

crianças desenvolvam incapacidades físicas permanentes derivadas das doenças infeciosas[140]. A vacinação permitiu já a erradicação global da varíola e a quase erradicação global da poliomielite, tendo permitindo igualmente o controlo regional de diversas outras doenças (como a meningite e o sarampo)[141]. Entretanto, importa referir que o impacto global das vacinas poderia ser ainda maior. Só não o é porque, muitas vezes, em diversas regiões do globo, a cobertura vacinal da população fica abaixo da necessária para a eliminação das doenças evitáveis por via da vacinação[142]. Em Portugal, a vacinação universal surgiu a partir de 1965, com a introdução do Plano Nacional de Vacinação (PNV), que foi mantido (com algumas alterações) até aos dias de hoje. O facto de todas as doenças abrangidas pelo PNV estarem controladas ou terem sido eliminadas do nosso país é bem demonstrativo da relevância e sucesso deste programa de saúde pública[143].

A repercussão da vacinação é, de facto, impressionante, trazendo enormes benefícios individuais e coletivos. Numa perspetiva individual,

[140] EHRETH, Jenifer, *The value of vaccination: a global perspective*, *op. cit.*, p. 4105.

[141] *Ibidem.*

[142] *Ibidem.*

[143] DGS, *Avaliação do Programa Nacional de Vacinação e melhoria do seu custo-efetividade: 2.º inquérito serológico nacional: Portugal Continental 2001-2002*, Lisboa, 2004, p. 32-34.

a vacinação é benéfica para o indivíduo que é inoculado, uma vez que reduz enormemente a probabilidade do indivíduo desenvolver a doença em relação à qual foi imunizado[144]. Mesmo nos raros casos em que um indivíduo vacinado contraia a doença, o facto de estar vacinado faz com que a possibilidade desse indivíduo desenvolver formas graves da enfermidade seja diminuta[145]. Por outro lado, a vacinação traz igualmente benefícios para a comunidade, designadamente para a saúde pública[146], por possibilitar o surgimento da imunidade de grupo, fenómeno que é vital para o controlo e eliminação de muitas doenças infeciosas[147].

O nível de imunidade de grupo face a uma certa infeção numa dada população corresponde à proporção da população que adquiriu imunidade (por prévia infeção ou por via da va-

[144] DOHERTY, Mark [et al.], *Vaccine impact: Benefits for human health, op. cit.*, p. 6708-6709.

[145] ANDRE, Francis E. [et al.], *Vaccination greatly reduces disease, disability..., op. cit.*, p. 141.

[146] Mas não só, visto que a vacinação da população gera também benefícios financeiros, económicos e sociais, já que permite diminuir os custos associados ao tratamento das doenças infeciosas, assim como potenciar a produtividade, o crescimento económico, a igualdade e o bem-estar social. Cf. RODRIGUES, Charlene; PLOTKIN, Stanley A., *Impact of Vaccines; Health, Economic and Social Perspectives*, Frontiers in Microbiology, vol. 11, artigo 1526, 2020, p. 8-12.

[147] ANDRE, Francis E. [et al.], *Vaccination greatly reduces disease, disability..., op. cit.*, p. 141-142.

cinação) relativamente à doença em questão[148]. Este fenómeno reveste-se de grande importância no caso das doenças transmissíveis de pessoa para pessoa (*v.g.*, covid-19, sarampo, rubéola), assim como no caso das enfermidades em que os seres humanos funcionam como hospedeiro-reservatório da doença, que é depois transmitida por via de um vetor biológico, como o mosquito (*v.g.*, malária)[149]. Nestas doenças infeciosas, quanto maior for o nível de imunidade de grupo, menor é a probabilidade de um indivíduo contrair a doença (mesmo que não tenha sido vacinado), pelo que a imunidade de grupo permite diminuir a transmissão do agente infecioso na comunidade, possibilitando mesmo a eliminação do agente infecioso sem que a totalidade da população seja vacinada[150]. Esta eliminação ocorre quando, por efeito da imunização, o

[148] SMITH, Peter, *Concepts of herd protection and immunity*, Procedia in Vaccinology, Elsevier, vol. 2, n.º 2, 2010, p. 134.

[149] Não é assim, todavia, no caso das doenças que, como a raiva, não são transmissíveis de pessoa para pessoa ou em que os seres humanos não funcionam como hospedeiro-reservatório da doença. Cf. *ibidem*, p. 135.

[150] Este efeito indireto da vacinação é fácil de ilustrar. Imagine-se os indivíduos A, B e C, em que A se encontra infetado com a doença contagiosa X, e em que somente B se encontra vacinado contra essa doença. No caso de A contactar diretamente com B, este não irá contrair a doença, uma vez que se encontra vacinado (pelo que não se tornará veículo de transmissão da doença). Assim, posteriormente, se B contactar diretamente com C (que não se encontra vacinado contra a doença X), não irá transmitir a C a doença X, pelo que C foi

número médio de pessoas a que cada indivíduo infetado transmite a infeção (designado por 'número efetivo de reprodução' ou 'R') se mantém inferior a um, situação que conduz a um desaparecimento gradual da infeção na comunidade[151].

Importa, no entanto, afirmar que o facto da imunidade de grupo permitir eliminar uma infeção sem vacinar a totalidade da população está longe de significar que a vacinação obrigatória seja desnecessária. É que, para se atingir a imunidade de grupo, é necessário que uma percentagem muito grande da população seja vacinada. Essa percentagem varia consoante o agente infecioso e as caraterísticas da população, mas raramente é inferior a 85%, podendo mesmo atingir os 94% (no caso do sarampo e da tosse convulsa)[152]. Para além disso, há que ter em conta que certas vacinas são medicamente contraindicadas para determinados grupos de pessoas (em função da idade, do estado de gravidez ou do

(indiretamente) protegido da infeção pelo facto de B se encontrar vacinado. Cf. *ibidem*, p. 134.

151 O valor do R é determinado pela proporção da população imune ao agente infecioso em causa (P) e pelo número básico de reprodução (conhecido por 'R_0', que exprime o número de pessoas a que cada infetado transmite a doença numa população em que ninguém se encontra imunizado), de acordo com a fórmula matemática: $R = (1\text{-}P)^{*}R_0$. Cf. *ibidem*, p. 134-137.

152 Fine, Paul E., *Herd immunity: history, theory, practice*, Epidemiologic Reviews, vol. 15, n..º 2, 1993, p. 268, table 1.

estado clínico das mesmas)[153], pelo que essas pessoas não poderão ser chamadas a contribuir para a imunidade de grupo (e, por outro lado, dependem exclusivamente dessa imunidade de grupo para se protegerem individualmente das doenças infeciosas em questão). Assim, para proteger a saúde pública, o Estado deve ter por objetivo que todas as pessoas sejam efetivamente vacinadas, exceto nos casos em que a vacinação lhes seja medicamente contraindicada.

É ainda preciso ter em conta que a eliminação local de uma determinada doença infeciosa não pode justificar um relaxamento na vacinação, visto que vivemos num mundo globalizado, em que a constante circulação de pessoas e mercadorias cria um ambiente favorável para a disseminação internacional de doenças, o que implica que os riscos de saúde pública que, outrora, teriam uma repercussão meramente local ou regional, representam hoje um verdadeiro perigo global[154]. Isto significa que qualquer enfraquecimento da imunidade de grupo pode rapida-

153 CDC, *Update: vaccine side effects, adverse reactions, contraindications, and precautions – recommendations of the Advisory Committee on Immunization Practices (ACIP)* [Em linha], MMWR, vol. 45, n.º 12, 1996 [consult. 22/02/2021], disponível em <https://www.cdc.gov/mmwr/pdf/rr/rr4512.pdf>.

154 Menucci, Daniel L., *O regulamento sanitário internacional (2005) e a vigilância em saúde*, Revista de Direito Sanitário, São Paulo, vol. 7, n.º 1, 2006, p. 55-58.

mente conduzir ao ressurgimento de surtos[155], deflagrados pela importação das doenças infecciosas correspondentes[156].

155 A recusa vacinal tem gerado um ressurgimento de surtos de sarampo em vários países da Europa, incluindo Portugal, onde a existência de bolsas de suscetíveis permitiu o surgimento de surtos de sarampo desencadeados por casos importados. Cf. SNS, *Sarampo em Portugal* [Em linha], 2019 [consult. 22/02/2021], disponível em <https://www.sns.gov.pt/noticias/2019/01/31/sarampo-em-portugal-11/>.

156 Esta globalização dos riscos de saúde pública demonstra bem a necessidade de se garantir uma distribuição mais equitativa das vacinas a nível mundial, uma vez que, tradicionalmente, se verifica a existência de uma grande desigualdade no acesso às vacinas entre os países industrializados e os países em desenvolvimento (cf. Ehreth, Jenifer, *The value of vaccination: a global perspective*, *op. cit.*, p. 4107). Esta realidade, determinada sobretudo pela falta de recursos económicos e de infraestruturas básicas que se verifica em vários dos países em desenvolvimento, faz com que estes países continuem a ser assolados por doenças que já foram eliminadas dos países desenvolvidos, o que constitui uma das principais causas das elevadas taxas de mortalidade e morbilidade registadas em muitos daqueles países (cf. *ibidem*). A descoberta das primeiras vacinas contra a covid-19 renovou o interesse na discussão sobre a necessidade de se garantir uma maior igualdade na distribuição global de vacinas, de forma a evitar que os cidadãos dos países mais desfavorecidos sejam privados do acesso à vacinação contra esta doença, o que, por um lado, provocaria situações de grave injustiça, devido ao consequente e desnecessário prolongamento da pandemia de covid-19, sobretudo nas regiões mais pobres do globo, com as mortes e prejuízos daí inerentes e, por outro lado, aumentaria a probabilidade do vírus SARS-CoV-2 (agente patogénico causador da covid-19) desenvolver mutações, que o poderiam tornar resistente às vacinas existentes (cf. Emanuel, Ezekiel J., *An ethical framework for global vaccine allocation*, Science, vol. 369, n.º 6509, 2020, p. 1309-1310; e Kettler, Hannah.,

2. A discussão da hesitação ou recusa vacinal

A recusa ou hesitação vacinal não é um problema novo, constituindo um fenómeno tão antigo como as próprias técnicas de imunização. O anúncio da descoberta da primeira vacina, feito por Edward Jenner em 1796, foi recebido com desconfiança por alguns críticos, sobretudo por causa do ceticismo existente e dos medos e mitos que surgiram a respeito da vacinação[157]. Apesar disso, a elevada eficácia da vacina de

What is COVAX? [Em linha], 2021 [consult. 02/03/2021], disponível em <https://www.path.org/articles/what-covax/>).
Assim, pode afirmar-se que a equidade na alocação mundial das vacinas apresenta-se, simultaneamente, como uma necessidade de segurança sanitária global e uma verdadeira exigência de justiça distributiva. É que, sendo as vacinas um recurso escasso, as exigências de justiça distributiva na alocação global de vacinas implicam que estas sejam primariamente distribuídas às pessoas pertencentes a grupos de risco, assim como às pessoas de países em desenvolvimento que, por viverem em condições de pobreza, estejam especialmente vulneráveis à doença, designadamente por não terem acesso a cuidados de saúde, *maxime*, a unidades de cuidados intensivos (cf. Berkley, Seth, *COVAX explained* [Em linha], 2020 [consult. 26/03/2021], disponível em <https://www.gavi.org/vaccineswork/covax-explained>; Liu, Yangzi; Salwi, Sanjana; Drolet, Brian C., *Multivalue ethical framework for fair global allocation of a COVID-19 vaccine*, Journal of Medical Ethics, vol. 46, n.º 8, 2020, p. 500).

157 Muitos deles motivados por argumentos de natureza teológica. Cf. Junior, Vitor L., *Anti-vacinação, um movimento com várias faces...*, *op. cit.*, p. 117; Levi, Guido C., *Recusa de vacinas: causa e consequências*, *op. cit.*, p. 5; e Hussain, Azhar [et. al.], *The Anti-vaccination Movement: A Regression in Modern Medicine*, Cureus, vol. 10, n.º 7, 2018, p. 2.

Jenner na prevenção da varíola fez com que esta técnica tivesse sucesso imediato, o que motivou o desenvolvimento de outras vacinas com vista à prevenção das demais doenças infeciosas, assim como à progressiva globalização das práticas vacinais[158].

As primeiras campanhas de vacinação tiveram por foco o controlo de doenças que, pela sua elevada taxa de incidência e mortalidade, tinham um enorme impacto no dia-a-dia das pessoas, pelo que o sucesso da imunização no controlo dessas enfermidades levou a que muitos dos receios iniciais em relação à vacinação fossem superados. Os programas de vacinação passaram, desta forma, a contar com um vasto apoio popular, pelo que a recusa ou hesitação vacinal parecia estar definitivamente ultrapassada[159]. No entanto, o êxito dos programas de vacinação, com a consequente eliminação de muitas das doenças infeciosas, fez diminuir radicalmente a perceção do risco que essas doenças representam[160], o que (ironicamente) abriu caminho para

[158] Demonstrativo do sucesso imediato da descoberta de Edward Jenner é o facto de, em 1840, o parlamento inglês ter legislado com vista a garantir o acesso gratuito dos mais pobres à vacinação e, em 1853, ter aprovado a primeira lei de vacinação obrigatória. Cf. WOLFE, Robert M.; SHARP, Lisa, *Anti-vaccinationists past and present*, The BMJ, vol. 325, n.º 7361, p. 430.

[159] DOHERTY, Mark [et al.], *Vaccine impact: Benefits for human health*, *op. cit.*, p. 6708.

[160] *Ibidem.*

o regresso dos movimentos antivacinação, que ressurgiram a partir do fim da década de 70 do século passado, sobretudo nos países industrializados[161].

São vários os motivos que, a par da já aludida inversão da perceção do risco, contribuem para a existência de oposição à vacinação. Desde logo, há pessoas que invocam motivos religiosos ou filosóficos para recusar a imunização, argumentando que a vacinação atenta contra a sua visão sobre a origem e cura da doença[162], que os meios utilizados no fabrico de certas vacinas são imorais[163] ou que a vacinação implica uma visão utilitária da sociedade[164]. A recusa vacinal por motivos religiosos é um fenómeno antigo, mas que tem vindo a desaparecer, estando atualmente circunscrito a grupos religiosos radicais[165]. Por seu turno, a recusa vacinal motivada pelo receio de possíveis efeitos adversos das vacinas parece ser um problema crescente, visto que a

[161] JUNIOR, Vitor L., *Anti-vacinação, um movimento com várias faces...*, *op. cit.*, p. 117.

[162] STREEFLAND, Pieter, *Public doubts about vaccination safety...*, *op. cit.*, p. 167.

[163] KATA, Anna, *A posmodern Pandora's box: Anti-vaccination misinformation on the Internet*, Vaccine, vol. 28, n.º 7, 2010, p. 1710-1714.

[164] Segundo a qual uma minoria teria de se sacrificar para salvaguardar a saúde e bem-estar da maioria. Cf. *ibidem*.

[165] LEVI, Guido C., *Recusa de vacinas: causa e consequências*, *op. cit.*, p. 19-22.

transição para a "sociedade em rede"[166] ampliou enormemente o problema da desinformação[167], com os movimentos antivacinação (muitas vezes alimentados por interesses económicos[168]) a aproveitarem os novos meios de comunicação (sobretudo as redes sociais[169]) para espalhar informações tendenciosas e falsas sobre as vacinas (com vista a gerar desconfiança e medo em relação à vacinação)[170], invocando que as vacinas são perigosas para a saúde, argumento que é manifestamente contrário ao atual conhecimento científico, que demonstra claramente que as vacinas são muito seguras[171]. Por fim, o descuido ou desleixo no cumprimento do programa vacinal poderá também constituir uma causa de não imunização[172], que pode ser obviada pelas equi-

[166] A expressão é de Manuel Castells. Cf. CASTELLS, Manuel, *A Sociedade em Rede: do Conhecimento à Política, in* CASTELLS, Manuel; CARDOSO, Gustavo. (org.), «A Sociedade em Rede: do Conhecimento à Ação Política», INCM, 2006, págs. 17-30.

[167] Isto é, da disseminação de informações imprecisas ou falsas nos meios de comunicação, sobretudo na *internet*. Cf. *supra*, n. de rodapé 11.

[168] LEVI, Guido C., *Recusa de vacinas: causa e consequências, op. cit.*, p. 41.

[169] GERMANI, Federico; BILLER-ANDORNO, Nikola, *The anti-vaccination infodemic on social media: a behavioural analysis*, PLOS ONE, vol. 16, n.º 3, 2021, p. 1-2.

[170] STEFANELLI, Paola; REZZA, Giovanni, *Contrasting the anti-vaccine prejudice: a public health perspective*, Annali dell'Istituto Superiore di Sanità, vol. 50, n.º 1, p. 6-7.

[171] LEVI, Guido C., *Recusa de vacinas: causa e consequências, op. cit.*, p. 1-4.

[172] *Ibidem*, p. 12-13.

pas de vacinação, por via da convocação de todos aqueles que se atrasem na vacinação[173].

A recusa ou hesitação vacinal é um fenómeno bastante evidente na Europa, ao qual Portugal não é alheio, tendo a Direção-Geral da Saúde (DGS) reconhecido que existe um ressurgimento da "oposição, resistência e hesitação à vacinação, que são motivadas pela inversão da perceção do risco"[174]. Esta recusa vacinal tem permitido o reaparecimento de surtos de sarampo em Portugal (situação que se verifica desde 2017), onde se calcula que mais de 87% dos infetados por sarampo não tinham sido vacinados[175].

3. A suscetibilidade de intervenção estadual

Tal como foi referido *supra*, a vacinação constitui – de forma clara – um meio seguro e eficaz de prevenção das doenças infeciosas, sendo uma ferramenta fundamental para a proteção da saúde privada e pública. Tendo em conta que a vacinação é um dos principais meios de medicina preventiva, e sendo certo que o direito subjetivo fundamental à proteção da saúde inclui

173 DGS, *Boletim do Programa Nacional de Vacinação*, n.º 3, abril 2020.

174 *Ibidem*, p. 9-10.

175 SNS, *Portugal – Surto de sarampo* [Em linha], 2018 [consult. 29/03/2021], disponível em <https://www.sns.gov.pt/noticias/2018/03/21/portugal-surto-de-sarampo/>.

a faculdade de cada pessoa exigir do Estado as prestações necessárias para a preservação da sua saúde, é seguro afirmar que do direito à proteção da saúde decorre um verdadeiro direito à vacinação. Assim, em cumprimento do seu dever de efetivação dos direitos sociais[176], o Estado está obrigado a garantir, através do SNS e a título gratuito ou tendencialmente gratuito, o acesso das pessoas à vacinação[177].

Por outro lado, importa relembrar que os direitos fundamentais têm uma dupla dimensão – subjetiva e objetiva – pelo que, além da sua dimensão individual, compreendem também uma dimensão comunitária[178]. Assim, importa sublinhar que a proteção constitucional da saúde não se limita à sua dimensão subjetiva de faculdade ou poder, mas inclui também uma dimensão objetiva, traduzida na proteção da saúde pública como bem jurídico[179]. Pode, portanto, afirmar-se que o Estado está, também nesta perspetiva, constitucionalmente obrigado a promover a vacinação universal dos seus cidadãos, visto que a vacinação configura uma condição essencial para

[176] Alínea d) do artigo 9.º da CRP.

[177] N.º 1, alínea a) do n.º 2 e alínea a) do n.º 3 do artigo 64.º da CRP.

[178] Estorninho, Maria J.; Macieirinha, Tiago, *Direito da Saúde, op. cit.*, p. 33-34.

[179] Por isso a CRP confere aos cidadãos o direito de ação popular com fundamento na necessidade de defender a saúde pública. Cf. alínea a) do n.º3 do artigo 52.º da CRP.

a preservação e promoção da saúde comunitária, por constituir um meio fundamental para que a imunidade de grupo seja atingida[180].

Fica, assim, claro que o Estado desempenha um importante papel em matéria de vacinação, assumindo tarefas regulatórias, prestativas e de sensibilização. Cabe, designadamente, ao Estado criar uma estratégia de vacinação que permita satisfazer o direito de cada pessoa à imunização, assim como atingir o desiderato da imunidade de grupo (no caso das doenças infeciosas em que tal seja viável), essencial para a proteção da saúde pública[181]. Este desiderato é, pois, comum a qualquer estratégia de vacinação, quer se trate de um programa de vacinação obrigatória, quer se trate de um programa de vacinação recomendada. A vacinação obrigatória deverá, assim, ser encarada como um possível meio a ser utilizado com vista a atingir-se a imunidade de grupo, naqueles casos em que essa imunidade, apesar de necessária, não seja atingida por via de um esquema recomendado de vacinação[182]. Em qualquer caso, o Estado conserva sempre tarefas re-

[180] DALLARI, Sueli G., *O eterno conflito entre liberdade e controle: o caso da vacinação obrigatória,* Revista de Direito Sanitário São Paulo, vol. 18, n.º 3, nov. 2017/fev. 2018, p. 10.

[181] CIERCO, César, *Compulsory or recommended vaccination: Dimensions from the legal perspective,* Vacunas (English Edition), vol. 21, n.º 1, jan–jun 2020, p. 51.

[182] *Ibidem*, p. 51-52.

gulatórias importantes em matéria de vacinação, cabendo ao Estado, *v.g.*, estabelecer o calendário vacinal, definir a lista de vacinas a serem adquiridas, fixar as metas de cobertura nacional a serem atingidas para cada vacina, determinar os locais em que decorrerá a vacinação e estabelecer as normas a serem observadas na distribuição, transporte, armazenamento e administração das vacinas[183].

Por outro lado, o investimento em literacia vacinal deverá, também, ser uma prioridade para o Estado, de forma a dotar as pessoas das capacidades necessárias para que estas consigam procurar, compreender e utilizar corretamente a informação sobre vacinas, promovendo a sua adesão voluntária à vacinação[184]. Isto é especialmente relevante no atual contexto de desinformação, sendo de esperar que a promoção da literacia em saúde, acompanhada do fornecimento de informação credível, clara e simples sobre as vacinas, possa conduzir a um aumento da confiança das pessoas na vacinação[185]. Importa, ainda, salientar a importância do papel desempenhado pelos serviços de saúde e profissionais de saúde

[183] *Ibidem*, p. 53-54.

[184] A gratuitidade dos programas de vacinação é também um fator importante para a adesão das pessoas à vacinação. Cf. *ibidem*, p. 52-54.

[185] Rowlands, Gillian, *Health literacy: ways to maximise the impact and effectiveness of vaccination information*, Human Vaccines & Immunotherapeutics, vol. 10, n.º 7, 2014, p. 2133.

que, dada a sua proximidade em relação aos utentes, são imprescindíveis para combater a desinformação em saúde, assim como para promover a vacinação (esclarecendo dúvidas, fornecendo informação verdadeira e credível sobre as vacinas e encorajando as pessoas a vacinarem-se)[186].

O PNV constitui a estratégia de vacinação atualmente vigente em Portugal. Pautado pelos princípios da gratuitidade, acessibilidade, equidade, abrangência e aproveitamento de todas as oportunidades de vacinação[187], corresponde ao mais importante programa de saúde pública do país, sendo também o programa com melhor relação custo-efetividade[188]. O PNV corresponde a um programa de vacinação recomendada[189], pelo que assenta na adesão voluntária das pessoas à imunização (com a exceção das vacinas contra a difteria e o tétano, que são formalmente obrigatórias[190]). No entanto, a inexistência, em Portugal, de uma lei da vacinação (ou mesmo de uma lei da saúde pública) tem por consequência que o regime jurídico ordinário referente

[186] OMER, Saad [et al.], *Vaccine Refusal, Mandatory Immunization...*, *op. cit.*, p. 1985-1986.

[187] Artigo 2.º da Portaria n.º 248/2017, de 4 de agosto.

[188] DGS, *Avaliação do Programa Nacional de Vacinação...*, *op. cit.*, p. 34.

[189] Despacho n.º 12434/2019, de 30 de dezembro; e DGS, *Plano Nacional de Vacinação 2020*, Lisboa, 2020, que se aprovou em anexo à Norma (da DGS) n.º 018/2020 de 27/09/2020.

[190] Decreto-Lei n.º 44198, de 20 de fevereiro de 1962.

à vacinação se encontre disperso por uma multiplicidade de diplomas normativos, sobretudo de natureza regulamentar, muitos deles total ou parcialmente desatualizados (e até, por vezes, conflituantes entre si), o que cria espaços de incerteza e gera uma certa insegurança jurídica[191]. A elaboração de uma lei da vacinação seria, portanto, desejável, de modo a trazer maior certeza jurídica ao sistema, consolidando os diplomas normativos dispersos e pondo fim aos conflitos normativos existentes.

Revela-se, designadamente, necessário revogar o Decreto-Lei n.º 44198 de 20 de fevereiro de 1962 (que estabelece a obrigatoriedade das vacinas contra o tétano e a difteria) e a Portaria n.º 19058 de 3 de março de 1962 (que estabelece a obrigatoriedade da vacina contra o tétano para os profissionais que exercem determinadas profissões), visto que, quase seis décadas volvidas desde a sua aprovação, é manifesta a sua desatualização e desaplicação prática, assim como a contrariedade existente entre as normas destes diplomas e as normas dos restantes diplomas que regem o PNV, as quais estabelecem que o PNV constitui um esquema recomendado (ou seja, voluntário) de vacinação[192]. A elaboração de

[191] Cierco, César, *Compulsory or recommended vaccination...*, *op. cit.*, p. 54.

[192] Despacho n.º 12434/2019, de 30 de dezembro; e DGS, *Plano Nacional de Vacinação 2020*, Lisboa, 2020, que se aprovou em anexo à Norma (da DGS) n.º 018/2020 de 27/09/2020.

uma lei da vacinação seria, pois, uma excelente oportunidade para o legislador revogar os referidos diplomas, assim como disciplinar um conjunto de aspetos relativos à vacinação que carecem de atenção legislativa. O conteúdo de tal lei deveria incluir, designadamente, o reconhecimento do direito de cada pessoa à vacinação, o reconhecimento da vacinação como ato de interesse público, a fixação do âmbito e princípios do PNV, o estabelecimento dos critérios a serem observados na elaboração do calendário vacinal, a definição do papel do Estado na promoção da literacia vacinal, a (eventual) fixação de uma lista de vacinas obrigatórias e a previsão de um regime de responsabilidade civil objetiva para a indemnização de eventuais danos resultantes da vacinação[193].

Importa, ainda, destacar que o preâmbulo da Portaria n.º 248/2017, de 4 de agosto, refere que a vacinação corresponde a "um direito e um dever, quer cívico quer ético". Esta configuração regulamentar da vacinação como 'dever cívico' ou 'dever ético' traduz um claro apelo à participação dos cidadãos que, movidos pelo seu sentido cívico, deverão reconhecer a importância comunitária da vacinação e, dessa forma, submeter-se a ela. No entanto, a utilização das expressões 'dever cívico' ou 'dever ético' demonstra bem que a referida portaria desconsidera o caráter juridicamente obrigatório das vacinas contra a difteria e o tétano, visto que tais expressões estão associadas a obrigações que não são juridicamente exigíveis. Sobre o significado destas expressões, cf. Canotilho, Gomes; Moreira, Vital, *Constituição da República... – Vol. I*, *op. cit.*, p. 671-672.

193 Cierco, César, *Compulsory or recommended vaccination...*, *op. cit.*, p. 53-55.

III. A suscetibilidade jurídico-constitucional de imposição da vacinação obrigatória

1. A reiteração dos requisitos de restrições (legais) a direitos fundamentais

Considerando o já referido problema da recusa vacinal, importa discutir em que termos a necessidade de defesa da saúde pública pode justificar a imposição da vacinação obrigatória (e a consequente restrição de direitos fundamentais), designadamente nos casos em que a adesão voluntária das pessoas à vacinação não seja suficiente para manter a imunidade de grupo[194]. É que, se é certo que o exercício dos poderes no Estado constitucional é limitado pelos direitos

[194] *Ibidem.*

fundamentais dos cidadãos[195], também é verdade que não existem direitos insuscetíveis de restrição, visto que não raro se afigura necessária a limitação ou restrição de certos direitos para salvaguardar outros direitos ou bens constitucionalmente protegidos[196].

Por assim ser, a CRP não proíbe em absoluto a possibilidade de restrição, mas subordina as leis restritivas de direitos fundamentais ao cumprimento de apertados requisitos de validade[197]. A lei só pode restringir direitos fundamentais nos casos constitucionalmente autorizados, com vista a salvaguardar outros direitos ou valores constitucionais, devendo a restrição ser adequada, necessária e proporcional aos fins a atingir[198]. As leis restritivas de direitos fundamentais têm de revestir caráter geral e abstrato, não podem ter efeito retroativo e têm de respeitar o núcleo essencial do direito fundamental[199]. Para além disso, no caso dos direitos, liberdades e garantias, a restrição só pode ser estabelecida por lei da Assembleia da República ou decreto-lei autorizado do Governo[200].

195 Artigo 2.º da CRP.

196 No sentido de que a necessidade de proteger a saúde pública pode justificar a vacinação obrigatória, cf. Supremo Tribunal dos Estados Unidos da América, *Jacobson v. Massachusetts*, 197 US 11 (1905).

197 Acórdão do TC n.º 155/2007, ponto 12.2.

198 N.º 2 do artigo 18.º da CRP.

199 N.º 3 do artigo 18.º da CRP.

200 Alínea b) do n.º 1 do artigo 165.º da CRP.

Importa referir que a exigência de autorização constitucional para a restrição de direitos fundamentais não implica que devam sempre considerar-se irrestringíveis os direitos em relação aos quais a CRP não prevê expressamente a possibilidade de restrição[201]. A doutrina e a jurisprudência têm sublinhado isso mesmo, sendo de destacar a visão de Jorge Miranda, que entende ser "forçoso e natural [...] aceitar a existência de restrições implícitas"[202], ou a proposta de Reis Novais, que considera que não obstante os direitos fundamentais serem resistentes à vontade das maiorias, estão sujeitos a uma "reserva geral imanente de ponderação"[203], visto que, "independentemente da indiscutível forma e força constitucionais que lhes são atribuídas, eles podem ter de ceder perante a maior força ou o maior peso que apresentem, no caso concreto, os direitos, bens, princípios ou interesses de sentido contrário que sejam igualmente dignos de proteção jurídica"[204]. Em todo o caso, é inevitável concluir que as restrições a direitos fundamentais têm de legitimar-se na CRP (e não em bens

[201] Acórdão do TC n.º 155/2007, ponto 12.2.3.1.

[202] Miranda, Jorge, *Direitos Fundamentais*, *op. cit.*, p. 481.

[203] Novais, J. Reis, *Direitos Fundamentais e Justiça Constitucional*, Lisboa, AAFDL, 2019, p. 69 e ss.

[204] *Ibidem*, p. 75.

de previsão infraconstitucional)[205], já que a CRP é categórica em estatuir que as restrições legais só podem ser estabelecidas "para salvaguardar outros direitos ou interesses constitucionalmente protegidos"[206].

Por outro lado, a necessidade de respeitar os vários direitos e valores constitucionais impede a preferência sistemática e/ou hierárquica de uns em relação aos outros[207], pelo que está ultrapassada a ideia de resolver objetivamente as situações de conflito ou colisão por recurso à criação de uma ordem hierárquica entre os vários direitos e bens constitucionais[208]. As situações de conflito ou colisão deverão, sim, ser resolvidas "no quadro da unidade da Constituição"[209], procurando, se possível, a concordância prática entre os direitos ou valores colidentes ou conflituais, o que não dispensa o recurso a juí-

[205] MIRANDA, Jorge, *Direitos Fundamentais, op. cit.*, p. 482. Em sentido contrário, cf. NOVAIS, J. Reis, *Direitos Fundamentais e Justiça Constitucional, op. cit.*, p. 234-244.

[206] N.º 2 do artigo 18.º da CRP.

[207] ANDRADE, Vieira de, *Os Direitos Fundamentais na Constituição..., op. cit.*, p. 300-301.

[208] Como bem refere Reis Novais, "nunca é o direito como um todo que conflitua com outro bem genericamente considerado; na prática, aquilo que ocorre são sempre colisões de aspetos parcelares dos interesses em causa cuja prevalência não é possível determinar a não ser tendo em conta as circunstâncias da situação concreta" (NOVAIS, J. Reis, *Direitos Fundamentais e Justiça Constitucional, op. cit.*, p. 78).

[209] ANDRADE, Vieira de, *Os Direitos Fundamentais na Constituição..., op. cit.*, p. 301.

zos de ponderação ou valoração[210]. É que, em muitos casos, não é possível ou adequada "a cedência recíproca e equilibrada dos dois bens em colisão"[211], o que revela a necessidade de se proceder a juízos de ponderação para perceber "qual dos interesses há de retroceder"[212]. Assim, Vieira de Andrade afirma que "o princípio da concordância prática neste domínio não impõe necessariamente [...] uma harmonização em termos matemáticos"[213], sendo "apenas um método e um processo de legitimação das soluções que impõe a ponderação [...] de todos os valores constitucionais aplicáveis, de modo que não se ignore nenhum deles"[214]. Para isso, é essencial observar o princípio da proporcionalidade em sentido amplo[215], que exige que a restrição seja adequada (ou idónea a alcançar o fim pretendido)[216], necessária (por não haver "medida alternativa menos restritiva"[217]) e propor-

[210] Novais, J. Reis, *Direitos Fundamentais e Justiça Constitucional, op. cit.*, p. 80.

[211] *Ibidem.*

[212] Guedes, Néviton, *Constituição e poder: princípio da concordância não contraria ponderação de bens*, Revista ConJur, 2014.

[213] Andrade, Vieira de, *Os Direitos Fundamentais na Constituição..., op. cit.*, p. 302.

[214] *Ibidem.*

[215] *Ibidem*, p. 303.

[216] Novais, J. Reis, *Direitos Fundamentais e Justiça Constitucional, op. cit.*, p. 252.

[217] *Ibidem.*

cional (o que implica uma razoabilidade ou justa medida entre o meio restritivo e o fim pretendido sendo[218], para tal, necessário ter em conta a "relação concretamente existente entre a carga coativa decorrente da medida adotada e o peso específico do ganho [...] que com tal medida se visa alcançar"[219]). É, pois, com base num juízo de ponderação que se há de "encontrar e justificar a solução mais conforme ao conjunto dos valores constitucionais"[220].

2. Os direitos e valores em conflito na vacinação obrigatória de adultos capazes

Nos termos e para os efeitos referidos, a discussão da suscetibilidade constitucional de adoção da vacinação obrigatória implica, necessariamente, analisar os conflitos entre direitos e valores constitucionalmente protegidos que são suscitados. É que, se ninguém duvida que

[218] CANOTILHO, Gomes; MOREIRA, Vital, *Constituição da República... – Vol. I, op. cit.*, p. 393.

[219] Acórdão do TC n.º 632/2008, ponto 11.

[220] ANDRADE, Vieira de, *Os Direitos Fundamentais na Constituição..., op. cit.*, p. 303. Como refere o autor, não se trata de uma ponderação dos direitos ou bens em si, mas das "formas ou modos de exercício específico [...] dos direitos" (*ibidem*). Em alguns casos, esta ponderação pode até conduzir, em concreto, à "prevalência de um direito (ou de um valor comunitário) sobre outro direito" (*ibidem*).

as pessoas que recusam a vacinação são titulares de direitos fundamentais (que tutelam a sua autonomia e liberdade de escolha), também não se ignora que a vida e a saúde pública são bens jurídicos que o Estado – aliás assim como os cidadãos –, estão constitucionalmente obrigados a proteger. Nesse sentido, apesar de poder afirmar-se que uma lei de vacinação obrigatória é, em abstrato, suscetível de afetar direitos fundamentais dos cidadãos, como o direito à integridade pessoal[221], o direito ao livre desenvolvimento da personalidade[222] e a liberdade de consciência e de religião[223], importará analisar se (e em que termos) a restrição destes direitos pode ser constitucionalmente justificada, com base na necessidade de proteger a saúde pública (e no concomitante dever fundamental de defender e promover a saúde)[224]. Certo é que, em termos gerais, o objetivo de atingir a imunidade de grupo deverá ser prosseguido através de programas de vacinação recomendada (e de estratégias de promoção da literacia vacinal), só sendo constitucionalmente legítimo estabelecer a vacinação obrigatória de adultos nos casos em que tal se revele estritamente necessário para a

221 Artigo 25.º da CRP.

222 N.º 1 do artigo 26.º da CRP.

223 Artigo 41.º da CRP.

224 Artigo 64.º da CRP

proteção da saúde pública[225]. Serão, portanto, desadequadas e desproporcionais – e, *ergo*, inconstitucionais – as leis que imponham a vacinação obrigatória de adultos face àquelas doenças em que a imunidade de grupo não funcione, por serem doenças que não se transmitem de pessoa para pessoa ou por os seres humanos não atuarem como hospedeiro-reservatório da doença[226].

2.1. A vacinação obrigatória e o direito à integridade pessoal

Uma vez que o ato de vacinar corresponde a uma intervenção médica efetuada no corpo da pessoa, importa analisar a questão da vacinação obrigatória à luz do direito fundamental à integridade pessoal. Este direito, previsto no artigo 25.º da CRP, é um direito iminentemente pessoal, estando indissociavelmente ligado à proteção da dignidade humana[227]. Abrange a inte-

[225] Supremo Tribunal Federal brasileiro (STFB), ADI 6.586, rel. Min. Ricardo Lewandowski, p. 24-25.

[226] SMITH, Peter, *Concepts of herd protection and immunity*, *op. cit.*, p. 134-135.

[227] MARQUES, Pedro G., *Anotação ao Artigo 25.º*, *in* MIRANDA, Jorge; MEDEIROS, Rui, «Constituição Portuguesa Anotada - Vol. I», *op. cit.*, p. 403. Ver ainda NETO, Luísa, Ética e autonomia da vontade no campo da saúde, Revista de Direito Sanitário, São Paulo, vol. 17, n.º 2, 2016, p. 96.

gridade física e moral da pessoa e corresponde a um "direito a não ser agredido ou ofendido, no corpo ou no espírito, por meios físicos ou morais"[228]. Apesar de o n.º 2 do artigo 25.º elencar um conjunto de ofensas – particularmente gravosas – à integridade pessoal, é pacífico o entendimento de que o direito à integridade pessoal protege o seu titular de quaisquer ofensas ao corpo ou ao espírito, independentemente da sua intensidade (o que inclui as chamadas 'intervenções banais')[229]. Recusando a ideia de que a CRP estabeleceu um modelo paternalista de direitos fundamentais[230], pode considerar-se que estamos perante um direito disponível, exceto nos casos em que essa disponibilidade viole a dignidade da pessoa humana[231] ou seja contrária aos princípios da ordem pública ou aos

[228] CANOTILHO, Gomes; MOREIRA, Vital, *Constituição da República... – Vol. I*, *op. cit.*, p. 454.

[229] Acórdão TC n.º 616/98, ponto 4. Cf. ainda MARQUES, Pedro G., *Anotação ao Artigo 25.º*, *op. cit.*, p. 405.

[230] MAC CRORIE, Benedita, *Os limites da renúncia a direitos fundamentais nas relações entre particulares – algumas notas, in* FIGUEIRAS, Cláudia (coord.) [et. al.], «Estudos em Homenagem ao Senhor Prof. Doutor António Cândido de Oliveira», Coimbra, Almedina, 2017, p. 146.

[231] No entanto, tendo em conta que a dignidade humana deriva da capacidade de autodeterminação racional da pessoa, a mesma deverá tendencialmente ser entendida num sentido subjetivista ou personalista, o que significa "que a dignidade deve servir, essencialmente, como fundamento da liberdade e só excecionalmente como fundamento de restrições à liberdade" (MAC CRORIE, Benedita, *A (ir)renunciabilidade dos direitos de personalidade, in* MAC CRORIE, Benedita;

bons costumes[232]. A possibilidade de dispor do direito à integridade física é relevante no plano do direito da saúde, onde emergiu um verdadeiro direito ao consentimento informado[233], que decorre dos direitos fundamentais à integridade física e ao livre desenvolvimento da personalidade[234].

O direito à integridade física não é irrestringível, mas a margem de restrição é muito limitada. As garantias estabelecidas no n.º 2 do artigo 25.º são absolutas e a CRP não contempla, em relação a este direito, qualquer autorização expressa de restrição[235]. Assim, o estabelecimento de restrições ao direito à integridade física obedece a uma rigorosa ponderação dos direitos ou valores constitucionais em conflito, e só será, em princípio, possível nos casos em que a intervenção restritiva implique um grau mínimo de

OLIVEIRA, Nuno (coord.), «Pessoa, Direito e Direitos», Colóquios 2014/2015, DHCII, 2016, p. 269).

232 N.º 2 do artigo 81.º e n.º 2 do artigo 240.º do Código Civil (CC); n.º 1 do artigo 38.º do Código Penal (CP). Os conceitos de ordem pública e de bons costumes são, também eles, interpretados à luz das disposições constitucionais, *maxime* dos direitos fundamentais. Cf. MAC CRORIE, Benedita, *A (ir)renunciabilidade dos direitos de personalidade, op. cit.*, p. 267.

233 Alíneas e) e f) do n.º 1 da base 2 da LBS.

234 ESTORNINHO, Maria J.; MACIEIRINHA, Tiago, *Direito da Saúde, op. cit.*, p. 269.

235 MARQUES, Pedro G., *Anotação ao Artigo 25.º, op. cit.*, p. 403.

lesão[236] (que é, em geral, o que ocorre com a vacinação[237]).

Apesar de haver a possibilidade do direito à integridade física ser restringido pelo "estabelecimento de deveres públicos [...] que se traduzam em intervenções no corpo das pessoas (*v.g.*, vacinação, colheita de sangue para testes alcoolémicos, etc.)"[238], o incumprimento desses deveres não pode significar a sua execução forçada (podendo, todavia, implicar a sujeição do infrator às sanções legalmente previstas)[239]. Pode, pois, afirmar-se que o estabelecimento da vacinação obrigatória não justifica, em caso algum, a vacinação forçada das pessoas, visto que o artigo 25.º da CRP impede que "se imponha coativamente, à força, a intervenção no corpo da pessoa"[240].

Por outro lado, impõe-se a necessidade das autoridades públicas procederem a uma rigorosa avaliação, tanto prévia como contínua,

236 Acórdão do TC n.º 616/98, ponto 4.

237 Não se duvida que a injeção de uma vacina provoca necessariamente uma ligeira lesão no local anatómico de inoculação. No entanto, verifica-se igualmente que a lesão em causa é temporária e mínima, pelo que a vacinação obrigatória não restringe, de modo algum, o núcleo essencial do direito à integridade física.

238 Canotilho, Gomes; Moreira, Vital, *Constituição da República... – Vol. I*, *op. cit.*, p. 454.

239 *Ibidem*.

240 Acórdão do TC n.º 616/98, ponto 4.

da eficácia, segurança e contraindicações das vacinas[241], só sendo legítimo tornar obrigatórias vacinas que sejam comprovadamente seguras e eficazes[242]. Em todo o caso, é necessário excluir da obrigatoriedade de vacinação as pessoas em relação às quais esta seja medicamente contraindicada, devendo a inoculação ser precedida de uma verificação individual da existência de eventuais contraindicações[243]. De resto, e não sendo possível eliminar em absoluto o risco de efeitos adversos provenientes da vacinação, a necessidade de proteger o direito à integridade física implica que a obrigatoriedade de vacinação deva ser sempre acompanhada de um regime de responsabilidade civil objetiva do Estado para a indemnização de eventuais danos vacinais[244], visto que "ninguém pode pura e simplesmente ser chamado a sacrificar a sua saúde pela dos outros, nem mesmo pela de todos os outros"[245]. A pre-

[241] Por razões de segurança, a comercialização de medicamentos em Portugal está sujeita à obtenção de uma autorização de introdução no mercado junto do INFARMED, nos termos do artigo 14.º e segs. do DL n.º 176/2006, de 30 de agosto.

[242] STFB, ADI 6.586, rel. Min. Ricardo Lewandowski, p. 36-37; e Tribunal Europeu dos Direitos Humanos (TEDH), *Vavřička and Others v. the Czech Republic*, 2021, § 301.

[243] *Ibidem.*

[244] Cf. Tribunal Constitucional italiano, acórdão n.º 5/2018, pontos 8.2.1, 8.2.3 e 8.2.4.

[245] Tribunal Constitucional italiano, acórdão n.º 118/1996, *considerato in diritto*, ponto 5.

visão de um regime de responsabilidade objetiva é, portanto, requisito essencial para que uma lei de vacinação obrigatória possa ser considerada constitucionalmente legítima[246].

2.2. A vacinação obrigatória e o direito ao desenvolvimento da personalidade

Importa não perder de vista que os seres humanos são – hão de ter sempre de ser – considerados como entidades autónomas, sendo "dotados de razão e de consciência"[247]. Assim sendo, respeitar a dignidade humana implica necessariamente reconhecer e valorizar a inerente capacidade de autodeterminação racional da pessoa, o que compreende, só por si, a necessidade de garantir "o respeito por uma esfera de autonomia pessoal"[248]. Este reconhecimento começou por encontrar expressão no n.º 1 do artigo 2.º da Lei Fundamental alemã, que estabelece um direito ao livre desenvolvimento da personalidade, entendido pelo Tribunal Constitucional Federal alemão numa dupla dimensão: como direito

[246] *Ibidem.*

[247] Artigo 1.º da DUDH.

[248] Medeiros, Rui; Cortês, António, *Anotação ao Artigo 26.º*, *in* Miranda, Jorge; Medeiros, Rui, «Constituição Portuguesa Anotada – Volume I», *op. cit.*, p. 447.

geral de personalidade e como liberdade geral de ação[249].

Inspirado nesta construção alemã[250], o legislador constitucional português positivou, na 4.ª revisão constitucional[251], o direito ao (livre) desenvolvimento da personalidade, que se encontra previsto no n.º 1 do artigo 26.º da CRP. Não obstante se verificarem ligeiras diferenças, no que respeita à formulação dada a este direito, entre a Lei Fundamental alemã e a CRP, não sobram dúvidas que o escopo do n.º 1 do artigo 26.º da CRP não se esgota na tutela da personalidade, comportando igualmente "uma tutela da liberdade"[252], visto que "o respeito pela dignidade humana [...] e pelo desenvolvimento da personalidade de cada um implica o reconhecimento de um espaço legítimo de liberdade e realização pessoal liberto de constrangimentos jurídicos"[253]. Afinal, a manifestação da personalidade não se limita à interioridade subjetiva do sujeito, sendo igualmente necessário

249 MARTINS, Leonardo, *Tribunal Constitucional Federal alemão: decisões anotadas sobre direitos fundamentais. Vol. 1*, São Paulo, Fundação Konrad-Adenauer, 2016, p. 49-51.

250 MEDEIROS, Rui; CORTÊS, António, *Anotação ao Artigo 26.º*, *op. cit.*, p. 443 e 446.

251 Cf. n.º 1 do artigo 10.º da Lei Constitucional n.º 1/97, de 20 de setembro.

252 MEDEIROS, Rui; CORTÊS, António, *Anotação ao Artigo 26.º*, *op. cit.*, p. 447.

253 *Ibidem*, p. 448.

"garantir que essa personalidade se materialize em atos"[254] que se traduzam numa "manifestação objetiva e concreta da personalidade"[255], o que não só engloba "uma liberdade de ação, mas também uma liberdade de não agir"[256]. Torna-se, assim, evidente que o escopo do n.º 1 do artigo 26.º da CRP abrange a proteção da capacidade de autodeterminação de cada sujeito como ser racional, que se traduz "num espaço próprio de autonomia decisória que confere a cada pessoa a liberdade de fazer escolhas relevantes para a sua vida"[257].

Esta "consagração [constitucional] de uma esfera de autonomia ou de liberdade de autodeterminação"[258], a par do já aludido direito à integridade pessoal, tem uma indiscutível importância ao nível do direito da saúde, onde emergiu um verdadeiro direito ao consentimento informado[259], enquanto corolário daquelas facul-

[254] Miranda, Filipe A., *O Direito Fundamental ao Livre Desenvolvimento da Personalidade,* Revista do Instituto do Direito Brasileiro, ano 2, n.º 10, 2013, p. 11184.

[255] *Ibidem.*

[256] *Ibidem.*

[257] Acórdão do TC n.º 123/2021, ponto 28.

[258] Estorninho, Maria J.; Macieirinha, Tiago, *Direito da Saúde, op. cit.*, p. 269.

[259] Cf. artigo 5.º da Convenção sobre os Direitos Humanos e a Biomedicina; alíneas e) e f) do n.º 1 da base 2 da LBS; artigos 156.º e 157.º do CP; artigos 19.º a 24.º do Código Deontológico da Ordem dos Médicos.

dades jusfundamentais[260]. Assim, em termos gerais, a licitude das intervenções médicas depende do consentimento do paciente[261], que só será eficaz se este tiver sido informado e elucidado quanto aos elementos determinantes para a formação de uma vontade livre e esclarecida[262]. Evidentemente, à semelhança do que foi referido *supra* em relação ao direito à integridade pessoal, nada obsta que também os direitos ao livre desenvolvimento da personalidade e ao consentimento informado possam ser restringidos com base na necessidade de defender a saúde pública[263], desde que respeitados os pressupostos e limites constitucionalmente estabelecidos para a restrição de direitos fundamentais. No entanto, por estar constitucionalmente vedada a possibilidade de os poderes públicos estatuírem a vacinação forçada de pessoas, torna-se inevitável afirmar que a imposição legislativa da vacinação obrigatória de adultos não pode dispensar o consentimento informado do sujeito, que deverá

[260] Estorninho, Maria J.; Macieirinha, Tiago, *Direito da Saúde, op. cit.*, p. 269.

[261] Relativamente ao qual vigora o princípio da liberdade de forma, exceto nos casos em que a lei exija forma especial (cf. artigo 219.º do CC).

[262] Estorninho, Maria J.; Macieirinha, Tiago, *Direito da Saúde, op. cit.*, p. 273-274.

[263] Medeiros, Rui; Cortês, António, *Anotação ao Artigo 26.º, op. cit.*, p. 449.

ser prestado de forma prévia e expressa[264], sem prejuízo da aplicabilidade das sanções legalmente previstas para o caso de recusa[265].

2.3. A vacinação obrigatória e a liberdade de consciência e de religião

A tutela da autonomia decisória da pessoa encontra, igualmente, expressão na liberdade de consciência e de religião, constitucionalmente estabelecida no n.º 1 do artigo 41.º da CRP, preceito que, na sua primeira vertente[266], tem um objeto amplo, que inclui quaisquer convicções ou crenças, designadamente as de natureza religiosa, filosófica, moral ou ideológica[267]. Sendo certo que a recusa vacinal é, por vezes, determinada por motivos religiosos ou filosóficos, pode afirmar-se que a obrigatoriedade de vacinação é, igualmente, suscetível de restringir a liber-

[264] STFB, ADI 6.586, rel. Min. Ricardo Lewandowski, p. 12.

[265] Que deverão, também elas, respeitar o princípio da proporcionalidade. Cf. *ibidem*, p. 23; e TEDH, *Vavřička and Others v. the Czech Republic*, 2021, § 293-309.

[266] Importa sublinhar que a liberdade de consciência e de religião são preceitos conexos, visto que "o segundo é uma especificação do primeiro" (Canotilho, Gomes; Moreira, Vital, *Constituição da República... – Vol. I, op. cit.*, p. 609).

[267] Miranda, Jorge; Garcia Marques, Pedro, *Anotação ao Artigo 41.º*, *in* Miranda, Jorge; Medeiros, Rui, «Constituição Portuguesa Anotada – Volume I», *op. cit.*, p. 647-648.

dade de consciência e de religião, uma vez que o objeto desta não se reduz ao *forum internum* do sujeito[268], englobando também dimensões externas ao indivíduo, traduzidas na "liberdade de exteriorização da decisão de consciência"[269] e na "liberdade de agir, seja por ação, seja por omissão, de acordo com a consciência"[270] ou com os ditames da sua religião ou filosofia de vida[271].

A natureza do objeto da liberdade de consciência e de religião, associado ao relevo que lhe é atribuído pela CRP[272], faz com que as situações de conflito ou colisão envolvendo esta liberdade sejam "de resolução particularmente difícil"[273]. No entanto, há semelhança de qualquer outro direito, a liberdade de consciência e de religião não é ilimitada ou insuscetível de restrição[274], sendo suscetível de ser restringida por lei para

[268] *Ibidem*, p. 648.

[269] *Ibidem*, p. 649.

[270] *Ibidem*.

[271] PIERIK, Roland, *Mandatory vaccination: an unqualified defense*, Amsterdam Law School Research Paper n.º 2015-08, Journal of Applied Philosophy, 2016, p. 9.

[272] Que a CRP estabelece como inviolável (n.º 1 do artigo 41.º da CRP) e como insuscetível de ser suspenso em caso de estado de sítio ou de estado de emergência (n.º 6 do artigo 19.º da CRP).

[273] MIRANDA, Jorge; GARCIA MARQUES, Pedro, *Anotação ao Artigo 41.º*, *op. cit.*, p. 650.

[274] *Ibidem*, p. 650 a 658; ADRAGÃO, Paulo P., *A liberdade religiosa e o Estado*, Coimbra, Almedina, 2002, p. 373.

salvaguardar outros direitos ou valores constitucionais, como a saúde pública[275].

Importa constatar que o direito fundamental à objeção de consciência, previsto no n.º 6 do artigo 41.º da CRP, se relaciona fortemente com a liberdade de consciência e de religião[276], podendo ser entendido como o direito de cada pessoa a "não cumprir obrigações ou não praticar atos que conflituem essencialmente com os ditames da [sua] consciência"[277], o que implica isentar "de quaisquer sanções o incumprimento de um dever jurídico específico, por razões relacionadas com as convicções do respetivo titular"[278]. A objeção de consciência pode projetar-se em diferentes espaços e aplicar-se a várias espécies de deveres[279], podendo igualmente fundar-se

[275] É relevante, a este respeito, o n.º 2 do artigo 9.º da Convenção Europeia dos Direitos Humanos (CEDH), que possibilita que a liberdade de pensamento, de consciência e de religião seja restringida por lei quando tal seja necessário, "numa sociedade democrática, à [salvaguarda da] segurança pública, à proteção da ordem, da saúde e moral públicas, ou à proteção dos direitos e liberdades de outrem".

[276] Consistindo, aliás, numa "das suas particularizações" (Gouveia, J. Bacelar, *Objeção de consciência (Direito Fundamental à)*, *in* «Separata do VI Vol. do Dicionário Jurídico da Administração Pública», Lisboa, 1994, p. 178).

[277] Canotilho, Gomes; Moreira, Vital, *Constituição da República... – Vol. I*, *op. cit.*, p. 616.

[278] Gouveia, J. Bacelar, *Objeção de consciência (Direito Fundamental à)*, *op. cit.*, p. 173.

[279] Não estando limitada às obrigações de natureza militar. Cf. Canotilho, Gomes; Moreira, Vital, *Constituição da República... – Vol. I*, *op. cit.*, p. 616.

em diferentes razões atinentes ao pensamento humano (éticas, morais, religiosas, filosóficas, humanísticas ou outras)[280]. Efetivamente, o preceito correspondente ao n.º 6 do artigo 41.º da CRP não tipifica os deveres específicos relevantes para efeitos de objeção de consciência[281], o que parece indicar que o âmbito deste direito poderá abranger, *prima facie*, as várias situações em que o seu exercício se afigure razoável no quadro de um Estado de Direito, sendo importante ressalvar que o mesmo encontra limites imanentes nos restantes direitos e valores constitucionais[282].

Uma vez que o direito à objeção de consciência se traduz, em termos práticos, num meca-

[280] *Ibidem.*

[281] GOUVEIA, J. Bacelar, *Objeção de consciência (Direito Fundamental à)*, *op. cit.*, p. 186-187.

[282] A necessidade de proteger esses direitos e valores, assim como de salvaguardar a imperatividade do Direito, pode justificar uma interpretação restritiva do direito à objeção de consciência, sendo decerto de considerar que o âmbito normativo do n.º 6 do artigo 41.º não abrange a possibilidade de haver lugar à objeção de consciência quando tal seja suscetível de afetar, de forma direta e imediata, os direitos fundamentais das outras pessoas (e muito menos quando em causa esteja o núcleo fundamental ou as garantias constitucionais desses mesmos direitos). Cf. ANDRADE, Vieira de, *Os Direitos Fundamentais na Constituição...*, *op. cit.*, p. 272-274; BOTELHO, Catarina S., *Direito fundamental à objeção de consciência na "sociedade de risco" – Abrir a caixa de Pandora?*, *in* GOMES, Carla A. [et. al.] (org.), «Garantia de Direitos e Regulação: Perspetivas de Direito Administrativo», AAFDL, Lisboa, 2020, p. 81.

nismo juridicamente autorizado de desobediência ao próprio Direito[283], a CRP estabelece-o com alguma cautela, reservando para a lei a delimitação do seu objeto e a regulação do seu exercício[284]. É que, considerado em abstrato, o direito à objeção de consciência é suscetível de "pôr em causa os fundamentos do próprio Estado e lançar a desigualdade entre os cidadãos"[285], o que torna inevitável que o mesmo seja sujeito a significativas limitações e restrições. Tal não implica, de modo algum, que o direito à objeção de consciência esteja na livre disponibilidade do legislador ordinário[286]. O legislador está, sim, investido num verdadeiro dever de ponderação e concretização, ao mesmo tempo que permanece vinculado ao conteúdo constitucionalmente determinável desse direito[287].

Certo é que o exercício do direito à objeção de consciência só se poderá fundar em razões de consciência sinceras e genuínas[288], podendo

[283] PECES-BARBA, Gregorio, *Desobediencia civil y objeción de consciencia*, *in* «Anuario de Derechos Humanos», n.º 5, Universidad Complutense, Madrid, 1988-89, p. 168.

[284] CANOTILHO, Gomes; MOREIRA, Vital, *Constituição da República... – Vol. I*, *op. cit.*, p. 616; GOUVEIA, J. Bacelar, *Objeção de consciência (Direito Fundamental à)*, *op. cit.*, p. 187.

[285] *Ibidem*, p. 177.

[286] MIRANDA, Jorge; PEREIRA DA SILVA, Jorge, *Anotação ao Artigo 18.º*, *op. cit.*, p.235-238.

[287] *Ibidem*.

[288] TEDH, *Bayatyan v. Armenia*, 2011, § 110.

a lei fazer depender o exercício deste direito da comprovação, administrativa ou judicial, da autenticidade dessas razões, associada ao reconhecimento de um estatuto de objetor de consciência[289]. Por outro lado, nada obsta que a lei imponha ao objetor de consciência o cumprimento de uma obrigação sucedânea[290], que não colida com a sua liberdade de consciência. Aliás, em termos gerais, a vinculação do legislador aos preceitos constitucionais deverá, mesmo, levá-lo a estabelecer essas obrigações sucedâneas. Afinal, revela-se "inadmissível encarar o objetor de consciência como pretendendo apenas a exoneração de um dever jurídico, o que atentaria contra o princípio da igualdade"[291], pois consubstanciaria numa "inaceitável situação de privilégio"[292].

Tendo em conta que a recusa vacinal por motivos religiosos ou filosóficos constitui um fenómeno que acompanha a vacinação desde a sua origem, é seguro afirmar que a imunização obrigatória de adultos capazes, ao vincular a pessoa a submeter-se à vacinação, constitui um dever

[289] É o que acontece no caso da objeção de consciência ao serviço militar (cf. Lei n.º 7/92, de 12 de maio). No sentido de que a matéria em causa não entra no domínio da reserva de juíz, cf. Acórdão TC n.º 143/88, ponto 2.2.

[290] CANOTILHO, Gomes; MOREIRA, Vital, *Constituição da República..., Vol. II, op. cit.*, p. 876.

[291] Acórdão do TC n.º 65/91, ponto III, 1.

[292] *Ibidem.*

público relevante para efeitos de objeção de consciência[293]. Assim, ao estabelecer a vacinação obrigatória de adultos, o legislador deverá prever e regular a possibilidade de exercício do direito à objeção de consciência por parte dos cidadãos em relação aos quais se verifiquem os pressupostos deste direito.

Todavia, não se pode esquecer que a recusa vacinal – mesmo que justificada por razões de consciência – representa um custo para a comunidade[294], traduzido no inevitável enfraquecimento da imunidade de grupo. Esta circunstância, associada à necessidade de cumprir com o princípio da igualdade na repartição dos deveres públicos[295], deverá levar o legislador a impor aos objetores de consciência o cumprimento de uma obrigação sucedânea, que permita, dentro do possível, providenciar à sociedade uma utilidade semelhante àquela que resultaria do cumprimento do dever de vacinação[296]. Ademais, é

[293] Pelo contrário, existem deveres jurídicos que deverão considerar-se irrelevantes para este efeito, por, em relação a eles, não se vislumbrarem "referenciais éticos que permitam suportar uma decisão de consciência" (GOUVEIA, J. Bacelar, *Objeção de consciência (Direito Fundamental à)*, *op. cit.*, p. 174).

[294] CLARKE, Steve; GIUBILINI, Alberto; WALKER, Mary J., *Conscientious Objection to Vaccination*, Bioethics, vol. 31, 2017, p. 160.

[295] CANOTILHO, Gomes; MOREIRA, Vital, *Constituição da República... – Vol. II*, *op. cit.*, p. 876.

[296] CLARKE, Steve; GIUBILINI, Alberto; WALKER, Mary, *Conscientious Objection...*, *op. cit.*, p. 160.

aconselhável que o legislador faça depender o exercício do direito à objeção de consciência do prévio reconhecimento judicial ou administrativo de um estatuto de objetor de consciência[297], com vista a garantir a sinceridade das razões de consciência suscitadas[298], evitando assim a invocação indevida deste direito por parte daqueles que, não se opondo à vacinação por razões de consciência, pretendam beneficiar da imunidade de grupo sem para ela contribuir[299].

É certo que, em termos gerais, a imposição da vacinação obrigatória a adultos capazes deverá ser acompanhada da previsão e regulação da possibilidade de exercício do direito à objeção de consciência[300]. Ainda assim, tendo em conta a essencialidade dos bens constitucionais afetados pela recusa vacinal, não se pode deixar de questionar se – e em que casos – pode ser imposto

Esta obrigação sucedânea poderia consistir, *v.g.*, num dever de pagamento, por parte do objetor de consciência, de uma quantia pecuniária ao Estado (que refletisse o risco para a saúde pública decorrente da ausência de vacinação), que teria de ser obrigatoriamente consignada ao financiamento de programas de promoção da saúde pública, como campanhas de literacia vacinal (cf. *ibidem*, p. 160-161).

297 Canotilho, Gomes; Moreira, Vital, *Constituição da República... – Vol. I*, *op. cit.*, p. 616

298 Clarke, Steve; Giubilini, Alberto; Walker, Mary, *Conscientious Objection...*, *op. cit.*, p. 159.

299 *Ibidem*, p. 158.

300 De modo a dar cumprimento ao n.º 6 do artigo 41.º da CRP. Cf. Miranda, Jorge; Pereira da Silva, Jorge, *Anotação ao Artigo 18.º*, *op. cit.*, p. 257.

um dever de vacinação obrigatória sem o correspondente reconhecimento daquele direito. É que, não funcionando a objeção de consciência como "cláusula de recusa de cidadania [ou] de recusa de pertença à comunidade política"[301], a mesma não é imune a ponderações e restrições[302], nada obstando que possa ceder perante direitos ou valores que, dadas as circunstâncias, se devam considerar superiores. Evidentemente, essa cedência só será legítima em situações de estrita necessidade[303], encontrando, em todo o caso, limites no núcleo fundamental do próprio direito[304].

Deste modo, sendo a defesa da saúde um dever fundamental de todos, será legítimo ao legislador estabelecer normas que impeçam a possibilidade de exercício do direito à objeção de consciência, nas situações em que a recusa vacinal represente um perigo iminente ou certo para a saúde pública[305] ou quando tal se revele necessário para fazer cessar uma situação de emergência

301 Miranda, Jorge; Garcia Marques, Pedro, *Anotação ao Artigo 41.º*, *op. cit.*, p. 667.

302 Canotilho, Gomes; Moreira, Vital, *Constituição da República... – Vol. I*, *op. cit.*, p. 616.

303 Aguirre, Juan, *Vacunas obligatorias y recomendadas: régimen legal y derechos afectados*, Derecho y Salud, vol. 22, n.º 1, 2012, p. 25.

304 N.º 3 do artigo 18.º da CRP.

305 Cf. Tribunal Constitucional espanhol, acórdão n.º 46/2001, de 15 de fevereiro, II., 11.

sanitária[306]. É que, em tais circunstâncias, o dever fundamental de defender a saúde deverá ser considerado preponderante[307], legitimando, nessa medida, o legislador a restringir proporcionalmente a possibilidade de exercício do direito à objeção de consciência[308].

[306] Aguirre, Juan, *Vacunas obligatorias y recomendadas: régimen legal...*, *op. cit.*, p. 27.

[307] Como afirmou a Comissão Europeia dos Direitos Humanos, a liberdade de pensamento, de consciência e de religião, prevista no artigo 9.º da CEDH, "não garante o direito da pessoa se comportar sempre na esfera pública da maneira que é ditada pela sua consciência" (Comissão Europeia dos Direitos Humanos, Boffa and others v. San Marino, 15 de janeiro de 1998, The Law, § 3). Nessa sequência, a Comissão considerou que a norma em causa, que impunha a vacinação obrigatória a todos (independentemente da sua religião ou filosofia de vida), não infringia o artigo 9.º da CEDH (cf. *ibidem*). No mesmo sentido, pode afirmar-se que o direito à objeção de consciência previsto na CRP nem sempre garante uma equivalência de amplitude entre a *freedom to believe* e a *freedom to act* (Esteves, M. da Assunção, *Declaração de voto* junta ao Acórdão do TC n.º 363/91, 1). Esta posição acabou, aliás, por ser adotada pelo plenário do TC (embora sem unanimidade), ao considerar legítimo a lei impedir o reconhecimento do estatuto de objetor de consciência ao serviço militar àqueles que se apresentem como objetores totais (isto é, como objetores ao serviço militar e também ao serviço cívico), argumentando que, se tal se sucedesse, "violar-se-iam as exigências de justiça feitas pelo princípio da igualdade de sacrifícios públicos" (Acórdão do TC n.º 681/95, II, 4).

[308] Na verdade, do n.º 3 do artigo 18.º do Pacto Internacional dos Direitos Civis e Políticos (PIDCP) e do n.º 2 do artigo 9.º da CEDH parece resultar que é lícito ao legislador restringir o direito à objeção de consciência sempre que o exercício desse direito seja suscetível de colocar em perigo a vida e a saúde de terceiros. Nesse sentido, cf. Dickens, Bernard M., *Legal protection and limits of conscientious*

3. A vacinação obrigatória das pessoas incapazes de se autodeterminarem

Importa, por fim, analisar a problemática da vacinação obrigatória face àquelas pessoas que, em razão da idade ou de anomalia psíquica[309], não são capazes de se autodeterminarem e que, por isso, não podem dispor, de *per si*, de direitos patrimoniais e pessoais. Esta incapacidade de exercício de direitos[310] – traduzida numa falta de "idoneidade para atuar juridicamente, exercendo direitos ou cumprindo deveres, adquirindo direitos ou assumindo obrigações, por ato próprio e exclusivo"[311] – é suprida por via da intervenção de um terceiro (representação legal ou assistência)[312], sendo, contudo, certo que "o interesse determinante das incapacidades é o interesse do próprio incapaz"[313]. O regime jurídico das incapacidades é relevante para efeitos de

objection: when conscientious objection is unethical, Medicine and Law, vol. 28, 2009, p. 341-345.

309 Estorninho, Maria J.; Macieirinha, Tiago, *Direito da Saúde, op. cit.*, p. 270-273.

310 Cf. n.º 4 do artigo 26.º, n.º 5 do artigo 36.º e n.º 1 do artigo 71.º da CRP.

311 Mota Pinto, Carlos A.; Monteiro, A. Pinto; Mota Pinto, Paulo, *Teoria Geral do Direito Civil, op. cit.*, p. 221.

312 *Ibidem.*

313 *Ibidem*, p. 227.

consentimento para a vacinação, havendo uma relativa equiparação entre a capacidade negocial e a capacidade para consentir em atos médicos (embora essa equiparação esteja sujeita a exceções importantes)[314].

3.1. A vacinação obrigatória dos menores

Avulta a necessidade de analisar se – e em que casos – é constitucionalmente legítimo ao legislador estabelecer a vacinação obrigatória dos menores, mesmo que contra a vontade dos pais. A este respeito, importa notar que as matérias relativas à família e filiação não são constitucionalmente neutras, tendo a CRP estabelecido, nos n.ºs 3 a 6 do artigo 36.º, um conjunto de direitos e deveres fundamentais, de que são titulares os pais e os filhos[315]. É de destacar o n.º 5 desse mesmo artigo, que estabelece o direito e dever dos pais de educação e manutenção dos filhos, que é configurando como um poder-dever ou poder-funcional[316], por se tratar de um

[314] Estorninho, Maria J.; Macieirinha, Tiago, *Direito da Saúde, op. cit.*, p. 270-271.

[315] Canotilho, Gomes; Moreira, Vital, *Constituição da República... – Vol. I, op. cit.*, p. 561.

[316] Cf. *ibidem*, p. 565; Justo, A. Santos, *Introdução ao Estudo do Direito, op. cit.*, p. 53; Andrade, Vieira de, *Os Direitos Fundamentais na Constituição..., op. cit.*, p. 158, n. de rodapé 127.

poder (dos pais) que incide sobre outros seres humanos (os filhos), e que por isso tem de ser exercido no interesse destes[317], sob pena de clara violação do princípio da dignidade humana[318]. O âmbito do poder-dever dos pais previsto neste comando constitucional não se reduz à educação e ao sustento (*stricto sensu*) dos filhos[319], não havendo dúvidas de que cabe igualmente aos pais, no exercício das responsabilidades parentais, zelar, *v.g.*, pela saúde e segurança daqueles[320].

Assim, não obstante a CRP tutelar o poder parental (atribuindo as responsabilidades paren-

[317] *Ibidem*. Assim, bem andou o legislador ordinário que, por via do artigo 3.º da Lei 61/2008, de 31 de outubro, alterou a expressão usada pelo CC para designar os poderes-deveres dos pais em relação aos filhos, substituindo a expressão "poder paternal" (que era manifestamente desatualizada e desadequada) pela expressão "responsabilidades parentais" (artigo 3.º da Lei 61/2008, de 31 de outubro).

[318] Nas palavras de Kant, "[a] humanidade é ela própria uma dignidade; pois que o homem não pode ser utilizado meramente como meio [...], tendo de ser sempre utilizado como fim e nisto consiste, precisamente, a sua dignidade" (Kant, Immanuel, *A Metafísica dos Costumes*, 3.ª edição, Fundação Calouste Gulbenkian, 2017, p. 413). Nestes termos, bem se compreende que o poder-dever de educação e manutenção dos filhos, entendido à luz do princípio da dignidade da pessoa humana, só possa ser exercido no interesse destes. É que, se assim não fosse, tal consubstanciaria uma instrumentalização da pessoa dos filhos, desconforme à sua inerente dignidade.

[319] Canotilho, Gomes; Moreira, Vital, *Constituição da República... – Vol. I*, *op. cit.*, p. 561.

[320] N.º 1 do artigo 1878.º do CC.

tais aos pais)[321], a verdade é que a autonomia parental é uma autonomia limitada[322], visto que os poderes parentais "devem ser exercidos altruisticamente, no interesse do filho, de harmonia com a função do direito, consubstanciada no objetivo primordial de proteção e promoção dos interesses do filho, com vista ao seu harmonioso e integral desenvolvimento físico, intelectual e moral" [323]. O poder-dever de educação e manutenção dos filhos encontra o seu referencial teleológico na necessidade de proteger os direitos e interesses das crianças e jovens a ele sujeitos[324] – incluindo o seu direito fundamental à proteção da saúde – o que, logicamente, se reflete na determinação hermenêutica do seu conteúdo e limites, sendo de concluir que as faculdades decorrentes deste poder funcional não abrangem quaisquer formas de atuação que sejam contrárias aos direitos ou interesses dos filhos, pelo que o hipotético conflito entre o poder-dever

321 Sendo que os filhos menores só podem ser separados dos pais "quando estes não cumpram os seus deveres fundamentais para com eles e sempre mediante decisão judicial" (n.º 6 do artigo 36.º da CRP).

322 O n.º 5 do artigo 36.º deve, a este respeito, ser interpretado à luz do artigo 69.º da CRP, que estabelece, claramente, a superioridade do interesse dos filhos, que deverá pautar o exercício das responsabilidades parentais (e limitar os poderes a elas inerentes).

323 Conselho Consultivo da Procuradoria-Geral da República, Parecer P000081991, 1992., 5.3.

324 *Ibidem*, 5.2.

dos pais de educação e manutenção dos filhos e o direito dos filhos à proteção da saúde é, afinal, meramente aparente, visto que o poder parental não abrange possibilidades de atuação que sejam contrárias à proteção dos direitos e interesses dos filhos.

Ora, a necessidade de tutelar o direito fundamental à saúde das crianças e jovens sujeitos ao poder parental, assim como a necessidade de proteger a saúde pública, pode levar o legislador a estabelecer a vacinação obrigatória dos menores, mesmo que contra a vontade dos pais. Com efeito, desde que as vacinas tornadas obrigatórias sejam seguras e eficazes, seja previsto um regime de responsabilidade objetiva para a indemnização de eventuais danos vacinais e sejam salvaguardadas as situações de contraindicação médica, tal medida afigura-se constitucionalmente legítima e não consubstancia, sequer, uma restrição ao poder-dever dos pais de educação e manutenção dos filhos, por se tratar de uma medida tomada no interesse objetivo destes últimos[325]. Para além disso, ao contrário do que foi dito em relação à vacinação obriga-

[325] A vacinação é conforme ao interesse objetivo de um indivíduo sempre que "a probabilidade de adoecimento ou morte antes da vacinação seja maior que a probabilidade de adoecimento ou morte depois da vacinação (já incluindo os eventuais efeitos secundários da vacinação)" (Bradley, Peter, *Should childhood immunisation be compulsory?*, Journal of Medical Ethics, vol. 25, 1999, p. 330).

tória de adultos capazes, é lícito ao legislador estabelecer a vacinação obrigatória dos menores no interesse exclusivo destes (mesmo quando em causa não esteja a proteção da saúde pública)[326], o que inclui a possibilidade de o legislador tornar obrigatórias aquelas vacinas que, embora não sejam suscetíveis de gerar imunidade de grupo, são eficazes na proteção da saúde individual.

Contudo, à semelhança do que foi referido *supra* para a vacinação de adultos, também a vacinação obrigatória de menores não pode dispensar o consentimento[327], que deverá ser prestado pelos pais no exercício das responsabilidades parentais, sem prejuízo do legislador poder estabelecer sanções para o caso de recusa do consentimento (a serem aplicadas aos pais). Isto não significa, porém, que os pais tenham a última palavra no que se refere à vacinação dos seus filhos menores. É que a recusa dos pais em vacinar os seus filhos, quando seja objetiva-

[326] N.os 1 e 2 do artigo 69.º da CRP.

[327] Desde logo, também os menores são titulares do direito à integridade pessoal (artigo 25.º da CRP), que configura um dos esteios do direito ao consentimento informado. Por outro lado, importa ter em conta o preceituado no n.º 2 do artigo 6.º da Convenção sobre os Direitos Humanos e a Biomedicina, que estabelece que nos casos em que "um menor careça de capacidade para consentir numa intervenção, esta não poderá ser efetuada sem a autorização do seu representante, de uma autoridade ou de uma pessoa ou instância designada pela lei".

mente contrária aos direitos e interesses destes (designadamente à proteção da sua saúde), configura uma forma de "exercício abusivo da autoridade na família"[328], o que legitima o legislador a prever a possibilidade de suprimento judicial (ou até administrativo) desse mesmo consentimento[329], em termos consentâneos com o previsto no n.º 2 do artigo 6.º da Convenção sobre os Direitos Humanos e a Biomedicina.

Poderá haver quem entenda que a imposição legislativa da obrigatoriedade de vacinação dos menores é uma medida suscetível de restringir a liberdade de consciência e de religião dos pais, uma vez que os vincula a submeterem os seus filhos à vacinação, limitando a liberdade dos pais agirem de acordo com os ditames da sua consciência. Não obstante, impõem-se a conclusão de que tal entendimento não impede o legislador de estabelecer a vacinação obrigatória dos filhos menores, sempre que esta medida se afigure proporcional para proteger o direito destes

[328] N.º 1 do artigo 69.º da CRP. É que a saúde, "a integridade física e a vida do menor são bens jurídicos que não estão na disponibilidade dos seus representantes legais" (ESTORNINHO, Maria J.; MACIEIRINHA, Tiago, *Direito da Saúde, op. cit.*, p. 272).

[329] CANOTILHO, Gomes; MOREIRA, Vital, *Constituição da República... - Vol. I, op. cit.*, p. 870. Por isso o legislador ordinário prevê, no artigo 1918.º do CC, a possibilidade do tribunal "decretar as providências adequadas" sempre que "a segurança, a saúde, a formação moral ou a educação de um menor se encontre em perigo".

à saúde ou para salvaguardar a saúde pública[330]. Afinal, tendo em conta a obrigação do Estado tutelar os direitos e interesses dos menores (ainda que contra a vontade dos seus pais), assim como a configuração constitucional do poder parental como poder funcional e a vinculação de todos ao dever fundamental de defender a saúde, afigura-se legítimo restringir a liberdade de consciência e de religião dos pais em prol da proteção da saúde privada (dos filhos) ou da saúde pública (da coletividade onde estes estão inseridos), visto que esta restrição se apresenta como adequada, necessária e proporcional aos fins a atingir[331].

Para além disso, não faz qualquer sentido falar-se na possibilidade de os pais exercerem, em nome dos filhos, um hipotético direito de objeção de consciência à vacinação. Afinal, uma vez que o direito à objeção de consciência tem como finalidade proteger os ditames da consciência individual de cada um (que resultam da própria formação da personalidade do sujeito)[332],

[330] Chemerinsky, Erwin; Goodwin, Michele, *Compulsory Vaccination Laws are Constitutional*, Northwestern University Law Review, vol. 110, n.º 3, 2016, p. 614.

[331] Considerando a importância das vacinas na preservação da saúde individual e coletiva, afigura-se totalmente inaceitável permitir que os pais, invocando a sua liberdade de consciência e religião, possam deixar de vacinar os seus filhos menores, colocando em risco a vida e saúde destes. Cf. *ibidem*, p. 614.

[332] Botelho, Catarina S., *Direito fundamental à objeção de consciência...*, *op. cit.*, p. 79.

pode afirmar-se que se trata de um direito que só pode ser exercido pessoalmente, e nunca por representação de um terceiro, visto que tal representação consubstanciaria uma inversão da razão de ser do direito, e uma inaceitável instrumentalização da pessoa humana, contrária à sua dignidade[333]. Assim sendo, só se pode concluir que a incapacidade dos menores para objetar ao cumprimento de um dever por razões de consciência deve configurar-se como uma incapacidade absoluta ou de gozo, insuprível pela representação legal[334].

3.2. A vacinação obrigatória das pessoas com anomalia psíquica grave

Importa, ainda, abordar a suscetibilidade do legislador impor a vacinação obrigatória daque-

[333] KANT, Immanuel, *A Metafísica dos Costumes*, *op. cit.*, p. 413.

[334] O caráter pessoalíssimo deste direito legitima que se faça uma analogia entre a incapacidade para objetar ao cumprimento de um dever por razões de consciência e a incapacidade testamentária ativa, visto que o testamento também é um ato pessoalíssimo e a capacidade para testar é, nos termos do n.º 1 do artigo 62.º, um direito fundamental. Assim, importa notar que o legislador ordinário configurou, corretamente, a incapacidade dos menores para testar como uma incapacidade absoluta, insuscetível de ser suprida por via da representação (cf. SOUSA, R. Capelo de, *Lições de Direito das* Sucessões, 4.ª edição, Coimbra Editora, 2012, p. 172, n. de rodapé 372), de forma a proteger a "autonomia e dignidade humana do testador" (*ibidem*, p. 168, n. de rodapé 355).

les indivíduos que, por sofrerem de anomalia psíquica grave, são incapazes de se autodeterminarem e de regerem a sua pessoa, e que por isso estão impedidos, por sentença de acompanhamento, de exercer direitos pessoais[335]. A este respeito, é pertinente notar que a CRP não é alheia à questão da deficiência física e mental, dedicando o artigo 71.º à proteção dos direitos dos cidadãos com deficiência.

O reconhecimento de que, historicamente, a deficiência tem constituído um fator de discriminação negativa do indivíduo[336] levou o legislador constitucional a concretizar o princípio da igualdade de direitos e deveres dos cidadãos com deficiência em relação aos cidadãos em geral[337], não podendo restringir-se a capacidade de exercício de direitos[338] daqueles cidadãos "para além daquilo que seja consequência forçosa da deficiência"[339], devendo a restrição limitar-se ao

[335] Cf. artigos 145.º e 147.º do CC. O direito a consentir em intervenções médicas corresponde, evidentemente, a um direito pessoal, por não ser suscetível de avaliação pecuniária (cf. JUSTO, A. Santos, *Introdução ao Estudo do Direito, op. cit.*, p. 50).

[336] GOMES, Joaquim C., *Constitucionalismo, deficiência mental e discapacidade: um apelo aos direitos,* Revista Julgar, Coimbra, Almedina, n.º 29, 2016, p. 123-131.

[337] N.º 1 do artigo 71.º da CRP.

[338] Cf. também: artigo 1.º, artigo 12.º, n.º 1 do artigo 13.º, n.º 1 do artigo 26.º e n.º 1 do artigo 71.º da CRP.

[339] CANOTILHO, Gomes; MOREIRA, Vital, *Constituição da República... – Vol. I, op. cit.*, p. 879.

necessário e proporcional para a prossecução da finalidade de proteção dos direitos e interesses da pessoa considerada incapaz[340]. Por seu turno, o n.º 2 do artigo 71.º da CRP realça o dever do Estado garantir a "efetiva realização" dos direitos dos cidadãos com deficiência[341], o que abrange, evidentemente, a obrigação do Estado criar condições para garantir a efetivação do direito à proteção da saúde destas pessoas.

Desta forma, e embora o Estado, nos termos da parte final do n.º 2 do artigo 71.º da CRP, não possa afastar definitivamente o papel do representante ou assistente (que o Código Civil [CC] atualmente designa como 'acompanhante')[342],

[340] No mesmo sentido, os n.os 1 e 2 do artigo 12.º da Convenção sobre os Direitos das Pessoas com Deficiência estabelecem o direito das pessoas com deficiência ao reconhecimento legal da sua personalidade e capacidade jurídica (de gozo e de exercício), só podendo a capacidade de exercício de direitos ser restringida quando tal se revele estritamente necessário e proporcional, nos termos dos n.os 3, 4 e 5 da Convenção (sobre o assunto, cf. Vítor, Paula T., *Anotação ao Artigo 12.º*, *in* Gomes, Joaquim C.; Neto, Luísa; Vítor, Paula T. (org.), Comentário à Convenção sobre os Direitos das Pessoas com Deficiência, Lisboa, INCM, 2020, p. 123-125). Assim, a extensão da capacidade de exercício de direitos das pessoas com deficiência nunca poderá ser inferior à sua capacidade natural, sob pena de violação do princípio da proporcionalidade (cf. Gomes, Joaquim C., *Constitucionalismo, deficiência mental..., op. cit.*, p. 141).

[341] Esta obrigação estadual resultava já das alíneas b) e d) do artigo 9.º da CRP.

[342] Canotilho, Gomes; Moreira, Vital, *Constituição da República... – Vol. I, op. cit.*, p. 882.

pode afirmar-se que todas as medidas de acompanhamento da pessoa com deficiência têm que ser tomadas no interesse desta, o que significa que os poderes atribuídos ao acompanhante pela sentença de acompanhamento correspondem a verdadeiros poderes-deveres ou poderes-funcionais[343]. Assim, como forma de proteger a saúde individual (do próprio incapaz) ou a saúde coletiva (da comunidade), é legítimo ao Estado estabelecer a vacinação obrigatória daquelas pessoas que, em razão de anomalia psíquica grave, se encontram impedidas, por sentença de acompanhamento, de exercer direitos pessoais, desde que as vacinas tornadas obrigatórias sejam seguras e eficazes, seja previsto um regime de responsabilidade objetiva para a indemnização de eventuais danos vacinais e sejam salvaguardadas as situações de contraindicação médica. Aliás, à semelhança do que acontece com a vacinação obrigatória dos menores, o Estado pode, nos termos do n.º 1 do artigo 64.º e dos n.os 1 e 2 do artigo 71.º da CRP, estabelecer a vacinação

A CRP ainda utiliza a expressão "tutor" (cf. parte final do n.º 2 do artigo 71.º da CRP), expressão que o legislador ordinário decidiu, e bem, abandonar, por via da revogação dos institutos da interdição e da inabilitação, que foram substituídos pelo regime jurídico do maior acompanhado (cf. Lei n.º 49/2018, de 14 de agosto), que utiliza a expressão 'acompanhante' para designar o representante ou assistente.

[343] Como resulta, aliás, do artigo 71.º da CRP. Cf. também os artigos 138.º, 140.º, 144.º, 145.º, 146.º, 147.º, 150.º e 151.º do CC.

obrigatória no interesse exclusivo da pessoa com anomalia psíquica (de forma a salvaguardar o seu direito à proteção da saúde), mesmo que em causa não esteja a saúde pública.

Contudo, esta obrigatoriedade não dispensa a necessidade de consentimento[344], que deverá ser prestado pelo acompanhante enquanto representante da pessoa incapaz[345], sem prejuízo daquele, em caso de recusa, poder ser sujeito às sanções legalmente previstas para a rejeição do consentimento. Para além disso, e porque em causa estão os direitos e interesses do próprio incapaz (que, em razão da anomalia psíquica, não se consegue autodeterminar), o legislador pode prever a possibilidade de suprimento judicial ou administrativo do consentimento, quando este tenha sido recusado pelo acompanhante[346]. Aliás, uma vez que o acompanhante está sujeito à obrigação de proteger a saúde e de promover o bem-estar do acompanhado[347], a recusa do acompanhante em consentir que o acompanhado seja vacinado configura um incumprimento dos deveres daquele para com

[344] Artigo 25.º da CRP e n.ºs 3 e 4 do artigo 6.º da Convenção sobre os Direitos Humanos e a Biomedicina.

[345] N.º 3 do artigo 6.º da Convenção sobre os Direitos Humanos e a Biomedicina.

[346] *Ibidem.*

[347] Cf. n.º 1 do artigo 64.º e n.ºs 1 e 2 do artigo 71.º da CRP; n.º 1 do artigo 146.º do CC.

este, o que pode justificar a remoção judicial do acompanhante[348], como consequência do incumprimento desses deveres.

4. A suscetibilidade de imposição de sanções a quem recuse a vacinação

Importa, por fim, analisar a suscetibilidade do legislador impor sanções e/ou outras consequências jurídicas a quem recuse vacinar-se ou vacinar os incapazes a seu cargo. É que, apesar da sanção não constituir um elemento essencial da ideia de direito (que, rejeitado o positivismo, há de encontrar o seu esteio no princípio da justiça)[349], a verdade é que o Direito encontra na coercibilidade "uma importante condição de eficácia"[350], que contribui decisivamente para a efetiva observância das normas jurídicas positivas. Assim, em regra, as normas ordenadoras (que impõem a adoção de um determinado comportamento) são acompanhadas de normas sancionatórias que visam garantir a sua observância (que preveem a sanção aplicável a quem incumprir o preceituado na norma ordenadora)[351], sem prejuízo da pos-

348 Nos termos dos artigos 152.º e 1948.º do CC.
349 Justo, A. Santos, *Introdução ao Estudo do Direito*, *op. cit.*, p. 34.
350 *Ibidem*, p. 36.
351 *Ibidem*, p. 157.

sibilidade de existirem normas sem sanção (*leges imperfectae*)[352].

Tendo em conta o princípio constitucional da proporcionalidade, ínsito no n.º 2 do artigo 18.º da CRP – e sempre decorrente do artigo 2.º da mesma lei fundamental –, pode afirmar-se que está vedada ao legislador a possibilidade de criminalizar a recusa vacinal. É que, considerando que as sanções penais são aquelas que mais intensamente restringem os direitos fundamentais, a intervenção penal é uma intervenção de *ultima ratio*[353], por isso sujeita ao princípio da subsidiariedade penal ou da intervenção penal mínima[354]. Assim, a criminalização de uma conduta só poderá ser considerada constitucionalmente legítima "se o bem jurídico protegido pelo novo tipo incriminador se revelar carente de tutela penal"[355] e se a restrição de direitos a ela inerentes se revelar proporcional face aos objetivos de prevenção que se pretende atingir[356].

Ora, apesar do problema da recusa vacinal ser suscetível de atentar contra a saúde coletiva, nada indica que as necessidades de defesa

[352] *Ibidem*, p. 156.

[353] Como refere o TC, "dentro da panóplia de medidas legislativas para proteção e defesa dos bens jurídicos, as sanções penais hão-de constituir sempre o último recurso" (Acórdão do TC n.º 108/99, ponto 4.4.3.1).

[354] Acórdão do TC n.º 108/99, ponto 4.4.3.1.

[355] Acórdão do TC n.º 377/2015, ponto II, B., 10.1.

[356] MIRANDA, Jorge, *Direitos Fundamentais*, *op. cit.*, p. 337-338.

da saúde pública que dele decorrem só possam ser preservadas por via da tutela penal, sendo seguro afirmar que tais necessidades podem ser igualmente acauteladas pela intervenção de outros ramos do direito, como o direito administrativo sancionatório. Aliás, tendo em conta a "flexibilidade das sanções acessórias"[357] e a maior "simplicidade substantiva e processual"[358] do ilícito de mera ordenação social, tudo leva a querer que as medidas mais adequadas para salvaguardar a saúde pública face ao perigo da recusa vacinal se situem, precisamente, no âmbito do direito administrativo contraordenacional.

Nesse sentido, a par da imposição aos cidadãos de um dever de vacinação, o legislador pode tipificar a recusa vacinal como um ilícito contraordenacional, por isso passível de coima[359], restringindo proporcionalmente o direito de propriedade privada[360] em função dos objetivos

[357] Leite, Inês F., *A autonomização do direito sancionatório administrativo, em especial, o direito contraordenacional*, *in* Carvalho, Ana C.; Abreu, Margarida R. (org.), *Regime Geral das Contraordenações e as Contraordenações Administrativas e Fiscais* [Em linha], Lisboa, Centro de Estudos Judiciários, 2015, p. 33-34, [consult. 21/05/2021], disponível em <http://www.cej.mj.pt/cej/recursos/ebooks/Administrativo_fiscal/Regime_geral_contraordenacoes_contraordenacoes_administrativas_fiscais.pdf>.

[358] *Ibidem*.

[359] Cf. artigos 1.º, 2.º e 21.º do DL n.º 433/82, de 27 de outubro (Regime Geral das Contraordenações).

[360] Artigo 62.º da CRP.

de saúde pública a atingir. Para além disso, nada impede que o legislador estabeleça a possibilidade de a autoridade administrativa competente poder impor ao particular, dentro dos limites do princípio da proporcionalidade, o pagamento de uma sanção pecuniária compulsória diária[361], com a função exclusiva de compelir o particular a cumprir a obrigação vacinal, podendo, por isso, ser cumulada com a coima sem violação do princípio *ne bis in idem*[362].

[361] A sanção pecuniária compulsória é uma figura que deriva das *astreintes* do direito francês, que "são providências tomadas após a violação de uma norma e que se destinam a evitar que [essa mesma violação] se prolongue, cessando, portanto, logo que ela termina" (Costa, Almeida, *Direito das obrigações*, 12ª edição, Coimbra, Almedina, 2009, p. 1064). Mais especificamente, a sanção pecuniária compulsória é uma *astreinte* pecuniária que se traduz na possibilidade das autoridades imporem aos indivíduos que incumpram determinados deveres a obrigação de estes pagarem uma determinada quantia por cada dia em que o incumprimento persista (cf. *ibidem*, p. 1063-1068).

[362] Cf. n.º 5 do artigo 29.º da CRP e n.º 1 do artigo 4.º do Protocolo n.º 7 à CEDH. A doutrina reconhece que o princípio *ne bis in idem* é composto por duas vertentes: uma vertente processual, proibindo a possibilidade de haver mais que um processo pelo mesmo facto em relação ao mesmo sujeito; e uma vertente material, proibindo a aplicação ao sujeito de mais do que uma sanção preventiva ou punitiva pelo mesmo facto (cf. Saboya, Keity, *Ne bis in idem em tempos de multiplicidade de sanções e de agências de controle punitivo*, Jornal de Ciências Criminais, São Paulo, vol. I, n.º 1, 2018, p. 78). É certo que, uma vez que existe uma relativa identidade de finalidades entre a pena e a coima (ambas têm finalidades preventivas; cf. Dias, Figueiredo, *Direito Penal*, tomo I, 2.ª edição, Coimbra, Coimbra Editora, 2012, p. 165), a aplicação cumulativa de ambas é suscetível de violar o *ne bis in idem* (cf. TEDH, *Franz Fischer v. Austria*, 2001, § 29). No entanto,

Mais controvertida é a possibilidade de os poderes públicos fazerem depender o exercício de determinadas atividades, como o acesso das pessoas ao mercado de trabalho, a estabelecimentos comerciais ou à fruição de certos serviços, da apresentação de um certificado de vacinação, que ateste que estas pessoas cumpriram efetivamente as suas obrigações vacinais. É que a imposição da vacinação como condição para o exercício de atividades é suscetível de afetar ou restringir um conjunto alargado de (outros) direitos fundamentais, como o direito à segurança no emprego[363], o direito ao trabalho[364], o direito ao ensino[365], a liberdade de iniciativa económica privada[366] e o princípio da igualdade de acesso a bens e serviços[367]. Assim, e uma vez que, segundo o princípio da necessidade, o legislador deverá adotar, entre as medidas adequadas à prossecução do fim a atingir, a medida menos restritiva

o mesmo não acontece em relação à aplicação cumulativa da coima com a sanção pecuniária compulsória, visto que esta última não exerce funções preventivas ou punitivas, tendo somente como objetivo pressionar o agente a cumprir com a norma violada. Daí poder haver lugar à cumulação da coima com a sanção pecuniária compulsória (cf. MARTINS, Ana, *'Astreints': instrumento garante da efetividade processual*, Revista ESMAFE, n.º 16, 2007, p. 190).

363 Artigo 53.º da CRP.

364 Artigo 58.º da CRP.

365 Artigos 43.º, 73.º e 74.º da CRP.

366 Artigo 61.º da CRP.

367 Artigo 13.º da CRP.

possível para os direitos fundamentais[368], importará verificar se a imposição da vacinação como condição para o exercício de atividades é ou não necessária para proteger a saúde pública.

Ora, a possibilidade de o legislador tipificar a recusa vacinal como contraordenação, sancionável com uma coima e uma sanção pecuniária compulsória, é suficiente para realizar funções preventivas e compulsórias[369], que garantam a observância efetiva das normas que estabeleçam a vacinação obrigatória. Assim sendo, está vedada ao legislador a possibilidade de, com vista a garantir o *enforcement* das normas que estabeleçam obrigações vacinais, condicionar o exercício de atividades à apresentação de certificados de vacinação, uma vez que tal medida é desnecessária face ao objetivo a atingir, que pode ser alcançado por via de medidas menos restritivas[370].

[368] MIRANDA, Jorge, *Direitos Fundamentais, op. cit.*, p. 339.

[369] Com efeito, a aplicação cumulativa de uma coima e de uma sanção pecuniária compulsória diária (enquanto persistir o incumprimento), cujos valores deverão diferir consoante os riscos para a saúde pública e as possibilidades financeiras do infrator, tornam o incumprimento extremamente oneroso, pelo que dão garantias de observância das normas que estabeleçam obrigações vacinais.

[370] Afinal, a coima e a sanção pecuniária compulsória apenas restringem o direito de propriedade privada, que é um direito que cumpre funções individuais e sociais (cf. FOSTER, Sheila; BONILLA, Daniel, *The Social Function of Property: A Comparative Law Perspective*, Fordham Law Review, vol. 80, 2011, p. 101-113), sendo suscetível a "restrições mais ou menos profundas" (CANOTILHO, Gomes; MOREIRA, Vital, *Constituição da República... - Vol. I, op. cit.*, p. 802).

No entanto, existem inúmeras atividades que, pela sua natureza coletiva (*v.g.*, por implicarem a partilha do mesmo espaço por parte de um número alargado de pessoas), implicam riscos para a saúde pública, que são exponencialmente agravados sempre que (essas atividades) sejam exercidas presencialmente por pessoas não vacinadas, visto que a sua presença faz aumentar o perigo de propagação de doenças infeciosas[371]. Ora, nestes casos, o condicionamento legal do exercício dessas atividades à apresentação de um certificado de vacinação já não apresenta, em geral, problemas de conformidade com o princípio da necessidade, uma vez que a imposição de tal condição corresponde, em princípio, à medida menos restritiva possível para diminuir os riscos para a saúde pública inerentes ao exercício das referidas atividades[372].

Isto não significa, contudo, que o legislador possa sempre condicionar o exercício de qualquer atividade presencial à apresentação prévia

[371] CIERCO, César, *La vacuna-condición o el pasaporte de vacunación y su eventual encaje en un marco general de vacunación recomendada contra la COVID-19*, Vacunas, 2021, p. 3.

[372] Caso haja escassez de vacinas, terá que admitir-se a possibilidade de alternativas ao certificado de vacinação (*v.g.*, apresentação de teste negativo a determinada doença infeciosa), sob pena de violação do princípio da igualdade. Cf. GSTREIN, Oskar J.; KOCHENOV, Dimitry V.; ZWITTER, Andrej, *A terrible great idea? Covid-19 'Vaccination Passports' in the spotlight*, Working Paper n.º 153, University of Oxford, 2021, p. 21-23.

de um certificado de vacinação. Com efeito, tendo em conta o princípio da proporcionalidade em sentido estrito, esse condicionamento só será racional e razoável se a atividade em causa representar um risco elevado de contágio[373], tendo em conta a sua natureza e as circunstâncias de saúde pública. Assim sendo, a suscetibilidade do legislador impor tal condição depende do grau de risco que cada atividade apresenta para a saúde pública[374]. Sendo certo que esse grau de risco pode variar consoante as concretas condições de saúde pública (o risco associado a uma determinada atividade será, sem dúvida, diferente consoante se verifique uma situação de normalidade sanitária ou de emergência sanitária), o legislador deverá regular e densificar os pressupostos que justificam condicionar o exercício de atividades à apresentação de um certificado de vacinação (o número de pessoas envolvidas, a suscetibilidade de manter o distanciamento físico e o tipo de espaço onde decorre a atividade serão, certamente, fatores a ter em conta[375]), podendo remeter para o membro do Governo responsável pela área da saúde a com-

[373] *Ibidem.*

[374] *Ibidem.*

[375] HONEIN, Margaret [et al.], *Summary of guidance for public health strategies to address high levels of community transmission of SARS-CoV-2 and related deaths, December 2020*, MMWR, CDC, vol. 69, n.º 49, 2020, p. 1860-1867.

petência para, de acordo com esses pressupostos, fixar a lista de atividades cujo exercício fica condicionado à apresentação de um certificado vacinal (que será, assim, facilmente revista e adaptada sempre que a alteração das condições de saúde pública o justifique)[376].

Por fim, os representantes das pessoas incapazes são responsáveis por garantir o cumprimento das obrigações vacinais que impendam sobre os incapazes a seu cargo, podendo o legislador sujeitar os representantes a uma coima e a uma sanção pecuniária compulsória em caso de incumprimento. No entanto, e porque a recusa vacinal é, em geral, um ato contrário aos direitos e interesses dos incapazes, a mesma é suscetível de justificar providências limitativas ou inibitórias do exercício dos poderes dos seus representantes, nos termos já referidos *supra*, no capítulo 3 da presente parte III.

[376] Evidentemente, este reenvio normativo está sujeito a limites estritos, resultantes dos princípios da reserva de lei e da determinabilidade das leis. Nesse sentido, "a determinabilidade e precisão da lei há-de ser tal que garanta aos destinatários da normação um conhecimento preciso, exato e atempado dos critérios legais que a Administração há-de usar" (Acórdão do TC n.º 285/92, ponto III, C, 5.), sendo certo que a lei deverá regular de forma suficientemente densa os pressupostos da restrição e os respetivos efeitos na esfera jurídica dos particulares. Cf. Miranda, Jorge; Pereira da Silva, Jorge, *Anotação ao Artigo 18.º*, *op. cit.*, p. 265.

Conclusão

1. A presente dissertação teve por objetivo analisar a vacinação numa perspetiva jurídico-constitucional, com vista a perceber em que circunstâncias e com que limites podem os poderes públicos impor a vacinação obrigatória dos cidadãos. Tendo em conta a análise realizada e as ideias apresentadas, importa agora formular as respetivas conclusões, sintetizando as ilações alcançadas e as soluções expressas ao longo da dissertação.

Como se viu, a vacinação é um dos meios de intervenção médica mais seguros e eficazes, com comprovados benefícios para a saúde individual e coletiva. É que, para além de diminuir substancialmente a probabilidade do indivíduo inoculado desenvolver a doença para a qual foi imunizado, a vacinação é, em regra, suscetível de propiciar a imunidade de grupo, fenómeno que permite reduzir a presença e transmissão de um agente infecioso na comunidade, possibilitando a sua eliminação sem que a totalidade da população se encontre imunizada. Por isso, a vacinação tem sido, desde o seu surgimento, um instrumento imprescindível na proteção da saúde pública, que reduziu drasticamente os níveis de mortalidade e morbilidade derivados das doenças infeciosas.

Apesar disto, tem-se verificado um ressurgimento da hesitação, recusa e oposição vacinal, especialmente nos países industrializados, onde têm despontado diversos movimentos antivacinação. Se a circulação massiva de informações incorretas ou falsas sobre vacinas, sobretudo nas redes sociais, tem alimentado as posturas contrárias à vacinação, o próprio sucesso das vacinas no controlo e eliminação das doenças infeciosas fez com que as repercussões destas doenças deixassem de ser visíveis, o que levou a que muitas pessoas passassem a subestimar a sua perigosidade. A recente diminuição dos níveis de vacinação em vários países europeus, com o consequente ressurgimento de surtos de sarampo em vários pontos do Velho Continente, demonstra bem os perigos que a recusa vacinal implica para a saúde pública, problema que se agudiza no atual contexto de pandemia (de covid-19), em que a massificação da vacinação constitui a única solução para se poder regressar à normalidade sanitária. Assim, e apesar da sua longevidade, o debate sobre a vacinação obrigatória mantém-se muito atual, o que justifica a escolha do tema tratado na presente dissertação.

2. O direito fundamental à proteção da saúde tem uma vertente maioritariamente positiva, traduzindo-se essencialmente na faculdade de cada pessoa exigir do Estado as prestações necessárias para a prevenção e tratamento da doença e para a recuperação, preservação e promoção da saúde. Sendo a vacinação um meio seguro e eficaz na prevenção das doenças infeciosas, pode concluir-se que do direito fundamental à proteção da saúde decorre um verdadeiro direito à vacinação, que implica, para o Estado, um dever de assegurar, através do SNS e a título gratuito ou tendencialmente gratuito, o acesso de todos à vacinação.

Por seu turno, para além da (clássica) dimensão subjetiva ou individual, as normas que estabelecem direitos fundamentais têm também uma dimensão comunitária, que visa a proteção de bens ou valores da coletividade. Assim, pode afirmar-se que a saúde pública é um bem constitucionalmente protegido, que o Estado está obrigado a salvaguardar e preservar, conclusão que é, aliás, confirmada pela previsão constitucional de um dever fundamental de defender e promover a saúde. A necessidade de defender a saúde pública poderá, evidentemente, motivar o estabelecimento da vacinação obrigatória, visto que a imunização constitui uma ferramenta indispensável na proteção da saúde comunitária.

O Estado assume um papel preponderante em matéria de vacinação, cabendo-lhe tarefas regulatórias, prestativas e de sensibilização. É obrigação do Estado criar uma estratégia de vacinação que permita satisfazer o direito de todos à vacinação e atingir o objetivo da imunidade de grupo. O caráter obrigatório dos programas de vacinação deverá, portanto, ser encarado como um possível meio a ser utilizado quando, apesar de necessária, a imunidade de grupo não seja atingida no âmbito de um esquema recomendado de vacinação. A promoção da literacia vacinal deverá também ser uma prioridade, sendo de destacar que a tarefa de promover a literacia em saúde constitui um dever que é constitucionalmente dirigido ao Estado. No atual contexto de desinformação, esta tarefa é ainda mais importante, podendo ser uma importante ferramenta para promover a adesão voluntária das pessoas à vacinação.

3. Vale reiterar que, sendo a saúde pública um interesse constitucionalmente protegido, a necessidade de a defender pode justificar restrições legais a direitos fundamentais, desde que respeitados os pressupostos de validade a que a CRP subordina as leis restritivas. Uma vez que a vacinação obrigatória dos adultos capazes é, abstratamente, uma medida suscetível de afetar direitos fundamentais das pessoas, impõem-se a conclusão de que a adoção de tal medida só poderá ser legítima se a mesma se revelar necessária para a proteção da saúde pública. Serão, portanto, inconstitucionais as leis que imponham a vacinação obrigatória de adultos face àquelas doenças em que a imunidade de grupo não se possa manifestar, por serem doenças intransmissíveis de pessoa para pessoa ou por o ser humano não funcionar como hospedeiro-reservatório da doença.

Tendo em conta o caráter temporário e mínimo da (potencial) lesão decorrente da inoculação, pode concluir-se que o direito fundamental à integridade física pode ser proporcionalmente restringido pelo estabelecimento de um dever de vacinação, visto que tal dever não afeta, de forma alguma, o núcleo essencial do direito. Contudo, só é legítimo tornar obrigatórias vacinas que sejam comprovadamente seguras e eficazes, sendo necessário excluir de tal obrigatoriedade as pessoas em relação às quais a vacinação seja medicamente contraindicada. Ademais, está afastada a possibilidade de vacinação forçada, pelo que a vacinação obrigatória de adultos não pode dispensar o consentimento informado do sujeito, sem prejuízo da aplicabilidade das sanções previstas para o caso de recusa. Em todo o caso, a vacinação obrigatória terá sempre que ser acompanhada de um regime de responsabilidade civil objetiva do Estado para a indemnização de eventuais danos vacinais.

Importa ainda relembrar que, ao estabelecer a vacinação obrigatória de adultos, a lei deverá prever e regular a possibilidade de exercício do direito à objeção de consciência. Contudo, em cumprimento do princípio da igualdade na repartição dos deveres públicos, a lei terá que submeter os objetores de consciência ao cumprimento de uma obrigação sucedânea que, dentro do possível, permita providenciar à comunidade uma utilidade semelhante à que resultaria do cumprimento do dever de vacinação. Além disso, é aconselhável que o legislador faça depender o exercício do direito à objeção de consciência do prévio reconhecimento administrativo ou judicial da autenticidade das razões de consciência suscitadas, de forma a evitar a invocação indevida deste direito.

Uma vez que o direito à objeção de consciência é, também, suscetível de restrição, a lei poderá, em situações de emergência sanitária ou de perigo iminente ou certo para a saúde pública, impedir o seu exercício. É que, em tais situações, o dever fundamental de defender a saúde pública deverá ser considerado preponderante, legitimando o legislador a restringir proporcionalmente a possibilidade de exercício do direito à objeção de consciência.

4. Pelas suas particularidades, mereceu referência autónoma a suscetibilidade da lei estabelecer a vacinação obrigatória das pessoas que, em razão da idade ou de anomalia psíquica grave, são incapazes de se autodeterminarem.

Como se viu, o direito e dever fundamental de educação e manutenção dos filhos corresponde a um poder-funcional, que incide sobre outros seres humanos (os filhos) e, por isso, só pode ser exercido no interesse exclusivo destes. De outro modo, estar-se-ia a permitir a instrumentalização da pessoa do filho aos interesses dos pais, o que seria manifestamente violador do princípio da dignidade humana. Assim, a autonomia parental é uma autonomia limitada, estando subordinada à necessidade de proteger os direitos e interesses dos menores a ela sujeitos, o que leva a concluir que o poder-dever de educação e manutenção dos filhos não engloba quaisquer faculdades que sejam contrárias aos direitos e interesses destes.

Por conseguinte, conclui-se que a necessidade de proteger a saúde pública, assim como a saúde individual dos menores sujeitos ao poder parental (que são, também eles, titulares de um direito à proteção da saúde), pode levar o legislador a impor a vacinação obrigatória dos menores, mesmo que contra a vontade dos pais. Aliás, e ao contrário do que ocorre com a vacinação obrigatória dos adultos capazes, o legislador pode estabelecer a vacinação obrigatória dos menores no interesse exclusivo destes, o que abrange a possibilidade de tornar obrigatórias vacinas que, não sendo suscetíveis de gerar imunidade de grupo, são eficazes na proteção da saúde individual.

Afirmou-se também que não faz qualquer sentido discutir-se a possibilidade dos pais exercerem, em nome dos filhos, um hipotético direito de objeção de consciência à vacinação. É que, uma vez que o direito à objeção de consciência encontra a sua *ratio* na necessidade de tutelar a decisão da consciência individual, impõem-se a conclusão de que este direito só pode ser exercido pessoalmente, e nunca por representação de um terceiro, visto que essa representação configuraria uma inaceitável instrumentalização do representado, que violaria o princípio da dignidade humana. Por isso, a incapacidade dos menores para objetar ao cumprimento de um dever por razões de consciência corresponde a uma incapacidade absoluta, insuprível pela representação legal.

Uma vez estabelecido o dever de vacinação, a recusa dos pais em consentir que os seus filhos menores sejam vacinados implica a sujeição daqueles às sanções legalmente estabelecidas para o caso de recusa, podendo, igualmente, justificar providências limitativas dos poderes dos pais, pela possibilidade de a lei prever, no interesse dos filhos, o suprimento administrativo ou judicial do consentimento daqueles.

No que respeita à suscetibilidade de a lei impor a vacinação obrigatória das pessoas que, por serem portadoras de anomalia psíquica grave, estão impedidas, por sentença de acompanhamento, de exercer direitos pessoais, constatou-se que a CRP estabelece um princípio de igualdade de direitos e deveres dos cidadãos com deficiência em relação aos cidadãos em geral, só podendo a lei restringir a capacidade de exercício de direitos daqueles cidadãos na estrita medida que a situação de deficiência assim o exija. Destarte, todas as medidas de acompanhamento da pessoa com anomalia psíquica têm de ser tomadas no interesse desta, o que implica que os poderes atribuídos ao acompanhante pela sentença de acompanhamento correspondam a poderes-deveres ou poderes-funcionais. O Estado assume, também aqui, um papel ativo, estando constitucionalmente obrigado a assegurar a realização dos direitos dos cidadãos com deficiência, incluindo o seu direito à proteção da saúde.

Deste modo, é legítimo que, sempre que necessário e proporcional, a lei estabeleça a vacinação obrigatória das pessoas com anomalia psíquica que, por sentença de acompanhamento, estejam impedidas de exercer direitos pessoais. Acresce que, uma vez que o acompanhante está obrigado a proteger a saúde do acompanhado, a recusa do acompanhante em consentir que o acompanhado seja vacinado configura um incumprimento dos deveres daquele para com este, que pode justificar providências limitativas dos poderes do acompanhante ou, no limite, a respetiva remoção judicial.

5. A par da imposição aos cidadãos de um dever de vacinação, o legislador pode tipificar a recusa vacinal como ilícito contraordenacional, por isso passível de coima. Para além disso, é lícito ao legislador estabelecer a possibilidade da autoridade administrativa competente cumular a aplicação de uma coima com a aplicação de uma sanção pecuniária compulsória, visto que, dada a diferença de finalidades entre uma e outra, a sua cumulação não viola o princípio *ne bis in idem*.

A possibilidade da recusa vacinal ser tipificada como contraordenação, sancionável com uma coima e uma sanção pecuniária compulsória, é suficiente para garantir a observância das normas que estabeleçam a vacinação obrigatória, sendo, aliás, a medida menos restritiva possível para o efeito, restringindo somente o direito de propriedade privada. Assim, é de afastar a possibilidade da lei, com o objetivo de garantir o cumprimento das normas que imponham deveres vacinais, condicionar o exercício de atividades quotidianas à apresentação de um certificado de vacinação, visto que tal condicionamento implicaria a restrição de um conjunto alargado de direitos fundamentais, o que seria muito mais gravoso do que a restrição do direito de propriedade privada, operada pela coima e pela sanção pecuniária compulsória.

No entanto, pode constatar-se que há atividades que, pela sua natureza coletiva, implicam riscos de propagação de doenças infeciosas, que são exponencialmente agravados sempre que as mesmas sejam exercidas por pessoas não vacinadas. Em tais casos, o condicionamento legal do exercício de atividades à apresentação de um certificado de vacinação já não apresenta, em termos gerais, problemas de conformidade com o princípio da necessidade. Pode, portanto, dizer-se que é lícito ao legislador estabelecer tal condicionamento sempre que, em função da natureza da atividade e das concretas circunstâncias de saúde pública, uma dada atividade apresente um risco elevado de provocar contágios ou despoletar surtos de doenças infeciosas.

Bibliografia

Adragão, Paulo P., *A liberdade religiosa e o Estado*, Coimbra, Almedina, 2002.

Aguirre, Juan, *Vacunas obligatorias y recomendadas: régimen legal y derechos afectados*, Derecho y Salud, vol. 22, n.º 1, 2012, p. 9-30.

Andrade, Vieira de, *Os Direitos Fundamentais na Constituição Portuguesa de 1976*, 5ª edição, Coimbra, Almedina, 2016.

Andre, Francis E. [et al.], *Vaccination greatly reduces disease, disability, death and inequity worldwide*, Bulletin of the WHO, vol. 86, n.º 2, 2008, p. 140–146.

Antunes, Maria L., *A literacia em saúde: investimento na promoção da saúde e na racionalização de custos*, *in* «As bibliotecas da saúde, que futuro? Atas das XI Jornadas APDIS, 27 e 28 de março de 2014», Lisboa, APDIS, 2014, p. 123-133.

Arnaut, António, *Os novos direitos fundamentais à cidade e à saúde: globalização, cidadania e Serviço Nacional de Saúde*, *in* «Serviço Nacional de Saúde, SNS, 30 anos de resistência», 3.ª edição, Imprensa da Universidade de Coimbra, 2020, p. 89-104.

Batistella, Carlos, *Abordagens contemporâneas do conceito de saúde*, *in* Fonseca, Angélica; Corbo, D'Andrea (Org.),

«O território e o processo saúde-doença», Rio de Janeiro, EPSJV/FIOCRUZ, 2007, p. 51-57.

Berkley, Seth, *COVAX explained* [Em linha], 2020 [consult. 26/03/2021]. Disponível em <https://www.gavi.org/vacci neswork/covax-explained>.

Botelho, Catarina, *Direito fundamental à objeção de consciência na "sociedade de risco" – Abrir a caixa de Pandora?, in* Gomes, Carla A. [et. al.] (org.), «Garantia de Direitos e Regulação: Perspetivas de Direito Administrativo», AAFDL, Lisboa, 2020, p. 75-104.

Bradley, Peter, *Should childhood immunisation be compulsory?*, Journal of Medical Ethics, vol. 25, 1999, p. 330-334.

Brisola, Anna; Bezerra, Arthur C., *Desinformação e circulação de 'fake news': distinções, diagnóstico e reação,* XIX Encontro Nacional de Pesquisa em Ciência da Informação – ENANCIB, Londrina, 2018, p. 3316-3330.

Canotilho, Gomes, *Direito Constitucional e Teoria da Constituição,* 7.ª edição, Almedina, 2003.

Canotilho, Gomes; Moreira, Vital, *Constituição da República Portuguesa Anotada, Vol. I,* 4ª edição revista, Coimbra, Coimbra Editora, 2007.

Canotilho, Gomes; Moreira, Vital, *Constituição da República Portuguesa Anotada, Vol. II,* 4ª edição revista, Coimbra, Coimbra Editora, 2010.

Carvalho, Ana C.; Abreu, Margarida R. (org.), *Regime Geral das Contraordenações e as Contraordenações Administrativas e Fiscais* [Em linha], Lisboa, CEJ, 2015 [consult. 21/05/2021]. Disponível em <http://www.cej.mj.pt/cej/recursos/eboo ks/Administrativo_fiscal/Regime_geral_contraordena coes_contraordenacoes_administrativas_fiscais.pdf>.

Castells, Manuel, *A Sociedade em Rede: do Conhecimento à Política, in* Castells, Manuel; Cardoso, Gustavo (org.), «A Sociedade em Rede: do Conhecimento à Ação Política», INCM, 2006, p. 17-30.

CDC, *Understanding How Vaccines Work* [Em linha], 2018 [consult. 10/02/2021]. Disponível em <https://www.cdc.gov/vaccines/hcp/conversations/downloads/vacsafc-understand-color-office.pdf>.

CDC, *Update: vaccine side effects, adverse reactions, contraindications, and precautions – recommendations of the Advisory Committee on Immunization Practices (ACIP)* [Em linha], MMWR, vol. 45, n.º 12, 1996 [consult. 22/02/2021]. Disponível em <https://www.cdc.gov/mmwr/pdf/rr/rr4512.pdf>.

Chemerinsky, Erwin; Goodwin, Michele, *Compulsory Vaccination Laws are Constitutional,* Northwestern University Law Review, vol. 110, n.º 3, 2016, p. 589-615.

Cierco, César, *Compulsory or recommended vaccination: Dimensions from the legal perspective,* Vacunas (English Edition), vol. 21, n.º 1, jan–jun 2020, p. 50-56.

Cierco, César, *La vacuna-condición o el pasaporte de vacunación y su eventual encaje en un marco general de vacunación recomendada contra la COVID-19,* Vacunas, 2021.

Clarke, Steve; Giubilini, Alberto; Walker, Mary J., *Conscientious Objection to Vaccination,* Bioethics, vol. 31, 2017, p. 155-161.

Costa, Almeida, *Direito das obrigações,* 12ª edição, Coimbra, Almedina, 2009.

Dallari, Sueli G., *O direito à saúde,* Rev. Saúde Pública, São Paulo, vol. 22, n.º1, fev. 1988, p. 57-63.

Dallari, Sueli G., *O eterno conflito entre liberdade e controle: o caso da vacinação obrigatória,* Rev. de Direito Sanitário, São Paulo, vol. 18, n.º 3, nov. 2017/fev. 2018, p. 7-11.

Delves, Peter J., *Imunidade adquirida* [Em linha], Manual MSD (Versão Saúde Para a Família), 2020 [consult. 10/02/2021]. Disponível em <https://www.msdmanuals.com/pt/casa/doen%C3%A7as-imunol%C3%B3gicas/biologia-do-sistema-imunol%C3%B3gico/imunidade-adquirida>.

DGS, *Avaliação do Programa Nacional de Vacinação e melhoria do seu custo-efetividade: 2.º inquérito serológico nacional: Portugal Continental 2001-2002*, Lisboa, 2004.

DGS, *Boletim do Programa Nacional de Vacinação*, n.º 3, abril 2020.

DGS, *Plano Nacional de Vacinação 2020*, Lisboa, 2020.

DIAS, Figueiredo, *Direito Penal*, tomo I, 2.ª edição, Coimbra, Coimbra Editora, 2012.

DICKENS, Bernard M., *Legal protection and limits of conscientious objection: when conscientious objection is unethical*, Medicine and Law, vol. 28, 2009, p. 337-347.

DOHERTY, Mark [et al.], *Vaccine impact: Benefits for human health*, Vaccine, vol. 34, n.º 52, 2016, p. 6707-6714.

EHRETH, Jenifer, *The value of vaccination: a global perspective*, Vaccine, vol. 21, 2003, p. 4105-4117.

EMANUEL, Ezekiel J., *An ethical framework for global vaccine allocation*, Science, vol. 369, n.º 6509, 2020, p. 1309-1312.

ESTORNINHO, Maria J.; MACIEIRINHA, Tiago, *Direito da Saúde*, Universidade Católica Editora, 2014.

FINE, Paul E., *Herd immunity: history, theory, practice*, Epidemiologic Reviews, vol. 15, n.º 2, 1993, p. 265-302.

FOSTER, Sheila; BONILLA, Daniel, *The Social Function of Property: A Comparative Law Perspective*, Fordham Law Review, vol. 80, 2011, p. 101-113.

GERMANI, Federico; BILLER-ANDORNO, Nikola, *The anti-vacci nation infodemic on social media: a behavioural analysis*, PLOS ONE, vol. 16, n.º 3, 2021.

GOMES, Carla A., *Defesa da saúde pública vs. liberdade individual: casos da vida de um médico de saúde pública*, Lisboa, 1999.

GOMES, Joaquim C., *Constitucionalismo, deficiência mental e discapacidade: um apelo aos direitos*, Revista Julgar, Coimbra, Almedina, n.º 29, 2016, p. 119-151.

GOMES, Joaquim C.; NETO, Luísa; VÍTOR, Paula T. (org.), Comentário à Convenção sobre os Direitos das Pessoas com Deficiência, Lisboa, INCM, 2020.

GOUVEIA, J. Bacelar, *Objeção de consciência (Direito Fundamental à)*, *in* «Separata do VI Vol. do Dicionário Jurídico da Administração Pública», Lisboa, 1994, p. 165 e ss.

GSTREIN, Oskar J.; KOCHENOV, Dimitry V.; ZWITTER, Andrej, *A terrible great idea? Covid-19 'Vaccination Passports' in the spotlight*, Paper n.º 153, Univ. of Oxford, 2021.

GUEDES, Néviton, *Constituição e poder: princípio da concordância não contraria ponderação de bens*, Revista ConJur, 2014.

HOMMA, Akira [et. al.], *Atualização em vacinas, imunizações e inovação tecnológica*, Ciência e Saúde Coletiva, vol. 16, n.º 2, p. 445-458.

HONEIN, Margaret [et al.], *Summary of guidance for public health strategies to address high levels of community transmission of SARS-CoV-2 and related deaths, December 2020*, MMWR, CDC, vol. 69, n.º 49, 2020, p. 1860-1867.

HUSSAIN, Azhar [et. al.], *The Anti-vaccination Movement: A Regression in Modern Medicine*, Cureus, vol. 10, n.º 7, 2018.

JUNIOR, Vitor L., *Anti-vacinação, um movimento com várias faces e consequências*, Cadernos Ibero-Americanos de Direito Sanitário, Brasília, vol. 8, n.º 2, 2019, p. 116-122.

JUSTO, A. Santos, *Introdução ao Estudo do Direito*, 6.ª edição, Coimbra, Coimbra Editora, 2012.

KANT, Immanuel, *A Metafísica dos Costumes*, 3.ª edição, Fundação Calouste Gulbenkian, 2017.

KATA, Anna, *A posmodern Pandora's box: Anti-vaccination misinformation on the Internet*, Vaccine, vol. 28, n.º 7, 2010, p. 1710-1714.

KETTLER, Hannah, *What is COVAX?* [Em linha], 2021 [consult. 02/03/2021]. Disponível em <https://www.path.org/articles/what-covax/>.

KICKBUSCH, Ilona [et al.], *Health literacy: the solid facts*, Copenhagen, WHO Regional Centre for Europe, 2013, p. 26-67.

LEVI, Guido C., *Recusa de vacinas: causa e consequências*, São Paulo, Segmento Farma, 2013.

LIU, Yangzi.; SALWI, Sanjana; DROLET, Brian C., *Multivalue ethical framework for fair global allocation of a COVID-19 vaccine*, Journal of Medical Ethics, vol. 46, n.º 8, 2020, p. 499-501.

LORINI, Chiara [et al.], *Health literacy and vaccination: A systematic review*, Human Vaccines & Immunotherapeutics, vol. 14, n.º 2, 2018, p. 478-488.

MAC CRORIE, Benedita, *A (ir)renunciabilidade dos direitos de personalidade*, *in* MAC CRORIE, Benedita; OLIVEIRA, Nuno (coord.), «Pessoa, Direito e Direitos», Colóquios 2014/2015, DHCII, 2016, p. 263-274.

MAC CRORIE, Benedita, *O recurso ao princípio da dignidade da pessoa humana na jurisprudência do Tribunal Constitucional*, *in* «Estudos em comemoração do décimo aniversário da Licenciatura em Direito da Universidade do Minho», Coimbra, Almedina, 2003, p. 151-174.

MAC CRORIE, Benedita, *Os limites da renúncia a direitos fundamentais nas relações entre particulares – algumas notas*, *in* FIGUEIRAS, Cláudia (coord.) [et. al.], «Estudos em Homenagem ao Senhor Prof. Doutor António Cândido de Oliveira», Coimbra, Almedina, 2017, p. 141-150.

MARTINS, Ana, *'Astreints': instrumento garante da efetividade processual*, Revista ESMAFE, n.º 16, 2007, p. 159-192.

MARTINS Leonardo, *Tribunal Constitucional Federal alemão: decisões anotadas sobre direitos fundamentais, vol. 1*, São Paulo, Fundação Konrad-Adenauer, 2016.

MCCARTHY, Michael, *A brief history of the World Health Organization*, The Lancet, vol. 360, n.º 9340, 2002, p. 1111-1112.

MENUCCI, Daniel L., *O regulamento sanitário internacional (2005) e a vigilância em saúde*, Revista de Direito Sanitário, São Paulo, vol. 7, n.º 1, 2006, p. 54-87.

MIRANDA, Filipe A., *O Direito Fundamental ao Livre Desenvolvimento da Personalidade*, Rev. Instituto do Direito Brasileiro, ano 2, n.º 10, 2013, p. 11175-11211.

MIRANDA, Jorge, *Direitos Fundamentais,* 3ª edição, Coimbra, Almedina, 2020.

MIRANDA, Jorge; MEDEIROS, Rui, *Constituição Portuguesa Anotada – Volume 1,* 2ª edição revista, Lisboa, Universidade Católica Editora, 2017.

MONGE, Cláudia, *O direito fundamental à proteção da saúde,* E-pública [Em linha], vol. 6, n.º 1, abril 2019 [consult. 08/01/2021], p. 76-100. Disponível em <https://www.e-publica.pt/volumes/v6n1a06.html>.

MOTA PINTO, Carlos A.; MONTEIRO, A. Pinto; MOTA PINTO, Paulo, *Teoria Geral do Direito Civil,* 4.ª edição, Coimbra, Coimbra Editora, 2012.

NETO, Luísa, Ética e autonomia da vontade no campo da saúde, Revista de Direito Sanitário, São Paulo, vol. 17, n.º 2, 2016, p. 93-97.

NETO, Luísa, *O Estado de Direito Democrático e as leis de valor reforçado, in* «Estudos em homenagem ao Professor Doutor Jorge Ribeiro de Faria», Coimbra Editora, 2003, p. 447-546.

NOVAIS, J. Reis, *Direitos Fundamentais e Justiça Constitucional,* Lisboa, AAFDL, 2019.

NOVAIS, J. Reis, *Direitos Sociais – Teoria Jurídica dos Direitos Sociais enquanto Direitos Fundamentais,* 2.ª edição, Lisboa, AAFDL Editora, 2017.

NOVAIS, J. Reis, *Em defesa do Tribunal Constitucional,* Coimbra, Almedina, 2014.

NUNES, Emília, *Celebração do 25.º aniversário da Carta de Ottawa,* Revista Portuguesa de Saúde Pública, Lisboa, vol. 29, n.º 2, 2011, p. 200-202.

NUTBEAM, Don, *Health literacy as a public goal: a challenge for contemporary health education and communication strategies into the 21st century,* Health Promotion International, Oxford University Press, vol. 15, n.º 3, 2000, p. 264-267.

OLIVEIRA, F. Paula; DIAS, J. E. Figueiredo, *Noções Fundamentais de Direito Administrativo*, 4ª edição, Almedina, 2016.

OMER, Saad B. [et al.], *Vaccine Refusal, Mandatory Immunization, and the Risks of Vaccine-Preventable Diseases*, New England Journal of Medicine, vol. 360, n.º 19, p. 1981-1988.

PECES-BARBA, Gregorio, *Desobediencia civil y objeción de consciencia*, *in* «Anuario de Derechos Humanos», n.º 5, Universidad Complutense, Madrid, 1988-89, p. 159-176.

PEDRO, Ana R.; AMARAL, Odete; ESCOVAL, Ana, *Literacia em saúde, dos dados à ação: tradução, validação e aplicação do 'European Health Literacy Survey' em Portugal*, Revista Portuguesa de Saúde Pública, vol. 34, n.º 3, p. 259-275.

PEREIRA, A. Dias, *Uma Lei de Bases da Saúde para os anos 2020*, E-pública [Em linha], vol. 6, n.º 1, abril 2019 [consult. 29/01/2021], p. 49-61. Disponível em <https://www.e-publica.pt/volumes/v6n1a04.html>.

PIERIK, Roland, *Mandatory vaccination: an unqualified defense*, Amsterdam Law School Research Paper n.º 2015-08, Journal of Applied Philosophy, 2016.

RODRIGUES, Charlene; PLOTKIN, Stanley A., *Impact of Vaccines; Health, Economic and Social Perspectives*, Frontiers in Microbiology, vol. 11, artigo n.º 1526, 2020.

ROSEIRA, M. Belém, *A nova Lei de Bases da Saúde*, E-pública [Em linha], vol. 6, n.º 1, abril 2019 [consult. 29/01/2021], p. 63-74. Disponível em <https://www.e-publica.pt/volu mes/v6n1a05.html>.

ROWLANDS, Gillian, *Health literacy: ways to maximise the impact and effectiveness of vaccination information*, Human Vaccines & Immunotherapeutics, vol. 10, n.º 7, 2014, p. 2130-2135.

SABOYA, Keity, *Ne bis in idem em tempos de multiplicidade de sanções e de agências de controle punitivo*, Jornal de Ciências Criminais, São Paulo, vol. I, n.º 1, 2018, p. 71-92.

SANCHES, Samyra; CAVALCANTI, Ana, *Direito à saúde na sociedade da informação: a questão das fake news e seus impactos na vacinação*, Revista Jurídica – UNICURITIBA, vol. 4, n.º 53, 2018, p. 448-466.

SANOFI PASTEUR MSD, *O que são vacinas?* [Em linha], 2018 [consult. 10/02/2021]. Disponível em <http://vacinas-temp.inesting.com/vacinas/o-que-sao-vacinas/#.YCKl5Oj7TIV>.

SMITH, Peter, *Concepts of herd protection and immunity*, Procedia in Vaccinology, Elsevier, vol. 2, n.º 2, 2010, p. 134-139.

SNS, *Portugal – Surto de sarampo* [Em linha], 2018 [consult. 29/03/2021]. Disponível em <https://www.sns.gov.pt/noticias/2018/03/21/portugal-surto-de-sarampo/>.

SNS, *Sarampo em Portugal* [Em linha], 2019 [consult. 22/02/2021]. Disponível em <https://www.sns.gov.pt/noticias/2019/01/31/sarampo-em-portugal-11/>.

SOUSA, R. Capelo de, *Lições de Direito das* Sucessões, 4.ª edição, Coimbra Editora, 2012.

STEFANELLI, Paola; REZZA, Giovanni., *Contrasting the anti-vaccine prejudice: a public health perspective*, Annali dell'Istituto Superiore di Sanità, vol. 50, n.º 1, p. 6-9.

STREEFLAND, Pieter, *Public doubts about vaccination safety and resistance against vaccination*, Health Policy, vol. 55, n.º 3, 2001, p. 159-172.

WHO, *Health Promotion Glossary* [Em linha], 1998 [consult. 30/01/2021]. Disponível em <https://www.who.int/health promotion/about/HPR%20Glossary%201998.pdf?ua=1>.

WHO, *How do vaccines work?* [Em linha], 2020 [consult. 05/12/2020]. Disponível em <https://www.who.int/emer gencies/diseases/novel-coronavirus-2019/covid-19-vaccines/how-do-vaccines-work>.

WOLFE, Robert M.; SHARP, Lisa, *Anti-vaccinationists past and present*, The BMJ, vol. 325, n.º 7361, p. 430-432.